Miłość wypełnieniem zakonu

Miłość wypełnieniem zakonu

Dr. Jaerock Lee

Miłość wypełnieniem zakonu Dr Jaerock Lee
Opublikowano przez Urim Books (reprezentant: Johnny H. kim)
361-66, Shindaebang-Dong, Dongjak-Gu, Seul, Korea
www.urimbooks.com

Wszelkie prawa zastrzeżone. Żadna część niniejszej publikacji nie może być reprodukowana, przechowywana jako źródło danych i przekazywana w jakiejkolwiek formie zapisu bez pisemnej zgody wydawcy.

O ile nie zaznaczono inaczej, wszelkie cytaty pochodzą z Biblii Tysiąclecia
® 1960, 1962, 1963, 1968, 1971, 1972, 1973, 1975, 1977, 1995.
Wykorzystane za zgodą.

Copyright @2015 by Dr. Jaerock Lee
ISBN: 979-11-263-1291-7 03230
Translation Copyright @ 2014 by Dr. Esther K. Chung. Used by permission.

Wydanie pierwsze: sierpień 2015

Wcześniej wydane w języku koreańskim w 2009 przez Wydawnictwo Urim Books w Seulu, Korea

Edycja: Dr Geumsun Vin
Projekt: Editorial Bureau of Urim Books
Aby uzyskać więcej informacji, skontaktuj się z nami: urimbook@hotmail.com

„Miłość bliźniemu złego nie wyrządza; wypełnieniem więc zakonu jest miłość".

Rzymian 13,10

Przedmowa

Z nadzieją, iż czytelnicy posiądą Nowe Jeruzalem dzięki miłości duchowej.

Firma reklamowa w Wielkiej Brytanii przygotowała quiz, w którym mogli wziąć udział wszyscy, i zadała pytanie, jaki jest najszybszy sposób podróży z Edynburga w Szkocji do Londynu w Anglii. Zwycięzca miał otrzymać wartościową nagrodę. Odpowiedzią, która została wybrana było „podróżowanie z ukochaną osobą". To zrozumiałe, że jeśli podróżujemy w towarzystwie ukochanej osoby, nawet długi dystans wydaje się krótki. W ten sam sposób, jeśli kochamy Boga, nie jest to dla nas trudne, aby być posłusznymi Jego Słowu (1 Jana 5,3). Bóg nie dał nam swojego prawa i nie nakazał nam przestrzegać swoich przykazań po to, ab utrudnić nam życie.

Słowo „prawo" pochodzi od hebrajskiego słowa „Torah", które oznacza „ustawy" lub „lekcje". Torah zazwyczaj odnosi się do Pięcioksięgu, który zawiera Dziesięć Przykazań Bożych. Jednak „prawo" odnosi się również do 66 ksiąg Biblii jako całości lub do ustaw Bożych, w których mówi nam, co mamy robić, a czego nie. Ludzie mogą myśleć, że prawo i miłość nie są ze sobą powiązane, ale prawdą jest, że nie można ich od siebie oddzielić. Miłość należy do Boga, a bez miłości Bóg nie byłby w stanie w pełni zachować prawa. Prawo może być wypełnione tylko wtedy, gdy praktykujemy je z miłością.

Jest pewna historia, która ukazuje nam potęgę miłości. Pewien młody człowiek rozbił się samolotem, kiedy leciał nad pustynią. Jego ojciec był bardzo bogatym człowiekiem i zatrudnił ekipę poszukiwawczo-ratowniczą, aby znalazła jego syna, ale nic to nie pomogło. Rozrzucił więc miliony ulotek po pustyni z napisem: „Synu, kocham cię". Syn, który wędrował po pustyni znalazł jedną z ulotek i nabrał dość odwagi, by poradzić sobie w trudnej sytuacji, a w końcu został uratowany. Prawdziwa miłość ojca uratowała syna. Tak, jak ojciec rozpowszechnił lotki po całej pustyni, tak my powinniśmy rozprzestrzeniać miłość Bożą innym ludziom.

Bóg udowodnił swoją miłość, oddając w ofierze swojego jedynego Syna Jezusa, aby uratować grzeszników. Legaliści w czasach Jezusa skupiali się jedynie na formalnościach prawa i nie rozumieli prawdziwej miłości Boga. W końcu odrzucili Syna Bożego i uznali Go za bluźniercę, który chciał obalić prawo, a następnie ukrzyżowali Go. Nie rozumieli miłości Bożej ukrytej w prawie.

W 1 Liście do Koryntian 13 rozdziale pięknie ukazany jest przykład duchowej miłości. Fragment ten mówi nam o miłości Boga, który posłał swojego jedynego Syna, aby uratował ludzi skazanych na śmierć z powodu grzechu; Syna, który musiał wyrzec się niebiańskiej chwały i umrzeć na krzyżu. Jeśli pragniemy przekazać miłość Bożą ludziom umierającym w tym świecie, musimy uświadomić sobie, czym jest miłość duchowa i praktykować ją.

„Przykazanie nowe daję wam, abyście się wzajemnie miłowali tak, jak Ja was umiłowałem; żebyście i wy tak się miłowali wzajemnie. Po tym wszyscy poznają, żeście uczniami moimi, jeśli będziecie się wzajemnie miłowali" (Jan 13,34-35).

Niniejsza książka zostaje wydana, aby czytelnicy mogli sprawdzić, do jakiego stopnia udało im się wypracować miłość duchową oraz, jak zmienili się dzięki prawdzie. Pragnę podziękować Geumsun Vin, dyrektorowie biura, i mam nadzieję, że wszyscy czytelnicy będą wypełniać prawo z miłością tak, by mogli osiągnąć Nowe Jeruzalem, czyli najpiękniejsze z mieszkań w Królestwie Niebieskim.

Jaerock Lee

Wstęp

Z nadzieją, że dzięki prawdzie Bożej, czytelnicy doświadczą zmiany, dzięki pielęgnowaniu doskonałej miłości.

Pewien program telewizyjny przeprowadził ankietę, w której wzięły udział żonate kobiety. Postawiono im pytanie, czy gdyby ponownie miały wybór, to czy zdecydowałyby się na ślub z tym samym mężczyzną. Wynik był szokujący. Zaledwie 4% kobiet chciało ponownie wziąć ślub z tym samym mężczyzną. Przecież musiały ożenić się z miłości, dlaczego więc teraz zmieniły zdanie? Ponieważ nie kochały miłością duchową. Książka „Miłość, wypełnieniem zakonu" pozwoli czytelnikom dowiedzieć się więcej na temat duchowej miłości.

Część pierwsza, czyli „Znaczenie miłości" omawia również formy miłości, które można zaobserwować między mężem i żoną, rodzicami i dziećmi, między przyjaciółmi i sąsiadami, dając nam wgląd w różnicę między miłością cielesną a miłością duchową. Miłość duchowa oznacza miłość niezmienna, które niczego nie oczekuje w zamian. Natomiast miłość cielesna zmienia się w zależności od okoliczności, dlatego miłość duchowa jest o wiele cenniejsza i piękniejsza.

Część druga „Miłość w rozdziale o miłości" dzieli 1 Kor. 13 rozdział na trzy części. Pierwsza część „Miłość, której pragnie Bóg" (1 Kor. 13,1-3) to wprowadzenie do rozdziały, który kładzie nacisk na ważność duchowej miłości. Druga część „Cechy charakterystyczne miłości" (1 Kor. 13,4-7) to główna część 13. Rozdziału 1 Listu do Koryntian, która pokazuje nam cechy duchowej miłości. Trzecia część „Miłość doskonała" to wnioski dotyczące całego rozdziału, które pozwalają nam poznać wiarę i nadzieję, konieczne w dążeniu do Królestwa Niebieskiego podczas naszego życia na ziemi, oraz miłość, która trwa na wieki nawet w Królestwie Niebieskim.

Część trzecia „Miłość, wypełnieniem zakonu" wyjaśnia, co to oznacza wypełniać prawo z miłością. Ukazuje nam również miłość Boga, który dba o ludzi na ziemi, jak również miłość Chrystusa, który otworzył nam drzwi do zbawienia.

„Rozdział o miłości jest jednym z 1 189 rozdziałów w Biblii. Jest niczym mapa do ukrytego skarbu, która ukazuje nam, jak go odnaleźć, ponieważ daje nam możliwość poznać drogę do Nowego Jeruzalem. Nawet jeśli posiadamy mapę i znamy drogę, nie ma to znaczenia, jeśli nie podążamy ścieżką, którą nam wskazuje. Jeśli nie praktykujemy duchowej miłości, nic nie ma sensu. Bóg raduje się duchową miłością. Możemy ją również pojąć, w zależności od tego, czy praktykujemy Słowo Boże, które jest prawdą. Kiedy posiądziemy miłość duchową, otrzymamy Bożą miłość i błogosławieństwa, a następnie wejdziemy do Nowego Jeruzalem, czyli najpiękniejszego miejsca w Niebie. Miłość jest ostatecznym celem stworzenia człowieka. Modlę się, aby czytelnicy tej książki pokochali Boga i swoich bliźnich jak siebie samych, aby mogli otrzymać klucz do perłowej bramy, prowadzącej do Nowego Jeruzalem.

Geumsun Vin
Dyrektor Biura Wydawniczego

Spis treści

Przedmowa · VII

Wstęp · XI

Część 1 Znaczenie miłości

Rozdział 1 Miłość duchowa · 2

Rozdział 2 Miłość cielesna · 10

Część 2 Miłość w rozdziale o miłości

Rozdział 1 Miłość, które pragnie Bóg · 24

Rozdział 2 Cechy charakterystyczne miłości · 42

Rozdział 3 Miłość doskonała · 160

Część 3 Miłość, wypełnieniem zakonu

Rozdział 1 Miłość Boża · 172

Rozdział 2 Miłość Chrystusowa · 184

„Jeśli bowiem miłujecie tych tylko, którzy was miłują, jakaż za to dla was wdzięczność? Przecież i grzesznicy miłość okazują tym, którzy ich miłują".

Ewangelia Łukasza 6,32

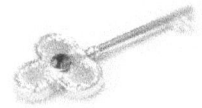

Część 1
Znaczenie miłości

Rozdział 1 : Miłość duchowa

Rozdział 2 : Miłość cielesna

Miłość duchowa

„Umiłowani, miłujmy się wzajemnie, ponieważ miłość jest z Boga, a każdy, kto miłuje, narodził się z Boga i zna Boga. Kto nie miłuje, nie zna Boga, bo Bóg jest miłością".
(1 Jan 4,7-8)

Już samo słowo „miłość" sprawia, że nasze serce zaczyna szybciej bić. Jeśli kogoś kochamy i dzielimy się tą miłością, nasze życie pełne jest szczęścia. Czasami słyszymy o ludziach, którym udało się pokonać trudności, nawet śmierć, dzięki potędze miłości. Miłość jest konieczna do szczęścia. Mam moc, by zmienić nasze życie.

Słowniki definiują miłość jako „silne przywiązanie do drugiej osoby, wynikające z podziwu, życzliwości lub wspólnych zainteresowań". Jednak miłość, o której mówi Bóg to miłość na wyższym poziomie – miłość duchowa. Miłość duchowa nie szuka swego, daje radość, nadzieję i życie, ani nigdy się nie zmianie. Ponadto, daje szczęście nie tylko w naszym obecnym życiu, ale prowadzi dusze do zbawienia i daje życie wieczne.

Historia kobiety, która przyprowadziła swojego męża do kościoła

Była sobie pewna kobieta, która prowadziła wierne i chrześcijańskie życie. Jej mąż nie chciał chodzić do kościoła i często uprzykrzał jej życie. Nawet pomimo trudności, kobieta chodziła na spotkania modlitewne każdego dnia i modliła się za swojego męża. Pewnego dnia, poszła się modlić, a miała ze sobą buty swojego męża. Trzymając jego buty, modliła się ze łzami w oczach: „Boże, dziś w kościele są ze mną jego buty, ale proszę, aby następnym razem był tutaj obecny również ich właściciel".

Po jakimś czasie stało się coś niezwykłego. Mąż przyszedł do kościoła. Od jakiegoś czasu za każdym razem, kiedy mąż szedł do pracy, odczuwał ciepło w butach. Pewnego dnia zobaczył swoją żonę, która z jego butami szła do kościoła i poszedł za nią. Był zdenerwowany, ale nie potrafił powstrzymać ciekawości. Chciał wiedzieć, co robiła w kościele z jego butami. Kiedy pocichł wszedł do kościoła, zobaczył żonę, która modliła się, trzymając jego buty. Usłyszał jej modlitwę, w której prosiła o błogosławieństwo i powodzenie swojego męża. Jego serce było poruszone i było mu przykro, że tak źle traktował swoją żonę. Był poruszony miłością swojej żony i stał się oddanym naśladowcą Chrystusa.

Większość żon w takiej sytuacji prosiłaby pastora o to, aby się o nie modlił, mówiąc: „Mój mąż bardzo uprzykrza mi życie, ponieważ chodzę do kościoła. Proszę módl się za mną, aby mój mąż przestał mnie prześladować". Ja odpowiadam na to: „Uświęć się i proś o Ducha Świętego. To sposób na rozwiązanie problemu". Żony okazują swoim mężom duchową miłość tak, że mężowie odrzucają grzech i nawracają się. Który mąż prześladowałby swoją żonę, która jest uświęcona i służy mu z całego serca?

W przeszłości, żona obwiniałaby o wszystko swojego męża, ale teraz zmieniła się dzięki prawdzie, wyznała grzechy i ukorzyła się. Duchowe światło wygnało ciemność tak, że również mąż mógł się zmienić. Kto modliłby się za drugą osobę, która nas prześladuje?

Kto poświęciłby się dla bliźniego i przekazywał miłość Bożą? Dzieci Boże, które nauczyły się, czym jest prawdziwa miłość od Pana, który Sam taką miłość daje.

Niezmienna miłość i przyjaźń Dawida i Jonatana

Jonatan był synem Saula, pierwszego króla izraelskiego. Kiedy zobaczył, jak Dawid pokonał Goliata przy użyciu procy i kamienia, wiedział, że Dawid jest wojownikiem Boga. Będąc generałem wojska, Jonatan był pod wrażeniem odwagi Dawida. Od tamtej pory Jonatan pokochał Dawida jak samego siebie. Zbudowali silną więź przyjaźni. Jonatan kochał Dawida tak bardzo, że wszystkim się z nim dzielił.

„Kiedy właśnie przestał przemawiać do Saula, dusza Jonatana przylgnęła całkowicie do duszy Dawida. Pokochał go Jonatan tak jak samego siebie. Od tego również dnia Saul zabrał go do siebie i nie pozwolił mu już wrócić do domu ojcowskiego. Jonatan zaś zawarł z Dawidem związek przyjaźni, umiłował go bowiem jak samego siebie. Jonatan zdjął płaszcz, który miał na sobie, i oddał go Dawidowi, jak i resztę swojego stroju – aż do swego miecza, łuku i pasa" (1 Samuela 18,1-4).

Jonatan był dziedzicem tronu jako pierworodny syn króla

Saula. Mógł nienawidzić Dawida, ponieważ wszyscy go kochali. Jednak on nie pragnął tytułu królewskiego. Kiedy Saul próbował zabić Dawida, aby zachować tron, Jonatan ryzykował własnym życiem, aby go ocalić. Taka miłość nie zmienia się aż do śmierci. Kiedy Jonatan zginął w czasie bitwy pod Gilboa, Dawida szlochał i pościł.

„Żal mi ciebie, mój bracie, Jonatanie. Tak bardzo byłeś mi drogi! Więcej ceniłem twą miłość niżeli miłość Kobiet" (2 Samuel 1,26).

Kiedy Dawid został królem, odnalazł Mefoboszeta, jedynego syna Jonatana, zwrócił mu to, co należało do jego ojca i opiekował się nim jak własnym synem (2 Sam. 9). Duchowa miłość to niezmienna miłość do drugiego człowieka, nawet jeśli nie jest to dla nas korzystne. Życzliwość, kiedy liczymy na coś w zamian nie jest prawdziwą miłością. Miłość duchowa to poświęcenie samego siebie i bezwarunkowe oddanie się z czystą i prawdziwą motywacją.

Niezmienna miłość Boga i Pana Jezusa w stosunku do nas

Większość ludzi doświadcza, czym jest złamane serce, ponieważ zadowalają się miłością cielesną w swoim życiu. Kiedy cierpimy i czujemy się samotni, ponieważ miłość tak łatwo się zmienia, jest ktoś, kto może nas pocieszyć i być naszym prawdziwym przyjacielem. To nasz Pan. Był znienawidzony i odrzucony przez ludzi mimo, iż był niewinny (Iz. 53,3), więc rozumie nas doskonale. Porzucił niebiańską chwałę i zszedł na ziemię, aby cierpieć za nas. Stał się naszym Pocieszycielem i Przyjacielem. Dał na prawdziwą miłość, umierając za nas na krzyżu.

Zanim stałem się naśladowcą Boga, cierpiałem z powodu wielu różnych chorób i doświadczyłem, czym jest ból i samotność wywołane nędzą. Kiedy chorowałem przez siedem lat, zostało mi już tylko moje osłabione ciało, coraz więcej długów, potępienie od ludzi, samotność i rozpacz. Wszyscy, którym ufałem i których kochałem opuścili mnie. Jednak kiedy czułem się najbardziej samotny we wszechświecie, przyszedł do mnie Bóg. Kiedy poznałem Boga, zostałem uzdrowiony i odzyskałem swoje życie. Miłość Boża była dla mnie darmowym darem. Nie pokochałem Go od razu. On przyszedł do mnie i wyciągnął do mnie swoje ręce. Kiedy zacząłem czytać Biblię, poczułem, jak Bóg bardzo mnie kocha.

„Czyż może niewiasta zapomnieć o swym niemowlęciu, ta, która kocha syna swego łona? A nawet, gdyby ona zapomniała, Ja nie zapomnę o tobie. Oto wyryłem cię na obu dłoniach, twe mury są ustawicznie przede Mną" (Iz. 49,15-16).

„W tym objawiła się miłość Boga ku nam, że zesłał Syna swego Jednorodzonego na świat, abyśmy życie mieli dzięki Niemu. W tym przejawia się miłość, że nie my umiłowaliśmy Boga, ale że On sam nas umiłował i posłał Syna swojego jako ofiarę przebłagalną za nasze grzechy" (1 Jan 4,9-10).

Bóg nie opuścił mnie w chwilach trudu. Kiedy poczułem Jego miłość, nie potrafiłem powstrzymać łez. Czułem, że Boża miłość jest prawdziwa ze względu na ból, jaki odczuwałem. Zostałem pastorem, sługą Boga, aby pocieszać innych i pokazać im łaskę, jaką Bóg okazał mi. Bóg jest miłością. On oddał swojego jedynego Syna Jezusa, aby nas zbawić. Czeka na nas w swoim Królestwie Niebieskim. Przygotował dla nas tak wiele pięknych rzeczy. Możemy odczuć Jego ogromną miłość, jeśli tylko zechcemy otworzyć swoje serca.

„Albowiem od stworzenia świata niewidzialne Jego przymioty – wiekuista Jego potęga oraz bóstwo – stają się widzialne dla umysłu przez Jego dzieła, tak że nie mogą się wymówić od winy" (Rzym. 1,20).

Pomyślcie po pięknie przyrody. Błękitne niebo, rośliny i drzewa – to wszystko przygotował dla nas Bóg, abyśmy, żyjąc na tej ziemi, mieli nadzieję na Boże Królestwo w niebie.

Fale, które dotykają wybrzeża, gwiazdy, które migotają w swoim tańcu, głośny huk wodospadu i lekki podmuch wiatru są oddechem Boża, który mówi nam: „Kocham cię". Ponieważ zostaliśmy wybrani, by być dziećmi Bożymi, jaką miłość powinniśmy pielęgnować? Powinniśmy posiąść miłość wieczną i prawdziwą, a wyzbyć się miłość egoistycznej, bezsensownej i zmiennej.

Miłość cielesna

„Jeśli bowiem miłujecie tych tylko, którzy was miłują, jakaż za to dla was wdzięczność? Przecież i grzesznicy miłość okazują tym, którzy ich miłują".
Łuk. 6,32

Pewien człowiek stoi przed wielkim tłumem, zwrócony twarzą do Jeziora Galilejskiego. Błękitne fale za nim wydają się tańczyć z delikatną bryzą. Ludzie zgromadzili się, by go słuchać. Tłum siedzi na zboczu góry i słucha, jak człowiek ten opowiada o tym, żeby stali się solą i światłością świata i aby kochali swoich wrogów.

„Jeśli bowiem miłujecie tych, którzy was miłują, cóż za nagrodę mieć będziecie? Czyż i celnicy tego nie czynią? I jeśli pozdrawiacie tylko swych braci, cóż szczególnego czynicie? Czyż i poganie tego nie czynią?" (Mat. 5,46-47)

Jak powiedział Jezus, nawet ludzie niewierzący i źli potrafią okazać miłość w stosunku do tych, którzy są dla nich mili i z których czerpią korzyści. Może też istnieć miłość fałszywa, która tylko z pozoru wydaje się prawdziwa. Jest to miłość cielesna, która zmianie się z czasem i może odejść pod wpływem najdrobniejszych trudności.

Miłość cielesna może zmienić się w każdej chwili. Jeśli zmieniają się okoliczności, zmienia się miłość. Ludzie często zmieniają swoje nastawienie ze względu na korzyści, które chcą czerpać. Dają tylko wtedy, gdy otrzymali coś od innych lub wtedy, gdy jest to dla nich korzystne. Jeśli dajemy i chcemy dostać coś w zamian, lub jeśli czujemy się rozczarowani, gdy nie otrzymujemy nic, jest to spowodowane tym, że nasza miłość jest tylko miłością cielesną.

Miłość między dziećmi i rodzicami

Miłość rodziców, którzy dają swoim dzieciom wszystko, co tylko mogą, jest naprawdę poruszająca. Dbanie o dzieci nie jest dla nich trudne, ponieważ kierują się miłością. Pragnieniem rodziców jest dawać swoim dzieciom to, co dobre, nawet jeśli oznacza to, że sami muszą z czegoś zrezygnować. Mimo tego, w sercu rodziców może również znaleźć się miejsce na interesowność, gdy kochają swoje dzieci, a pragną czegoś w zamian.

Jeśli naprawdę kochają swoje dzieci, powinni być w stanie poświęcić im swoje życie, nie żądają niczego w zamian. Wielu rodziców wychowuje jednak swoje dzieci dla własnych korzyści i honoru. Mówią: „Mówię ci o tym dla twojego własnego dobra", a tak naprawdę starają się kontrolować swoje dzieci i ukierunkować je zgodnie ze swoimi pragnieniami sławy lub pieniędzy. Kiedy dzieci wybierają ścieżkę kariery lub biorą ślub, a rodzice tego nie akceptują, sprzeciwiają się i manifestują swoje rozczarowanie. Pokazuje to, że ich poświęcenie dla dzieci było warunkowe. Podświadomie próbują postępować tak, by ich dzieci robiły to, co chcą w zamian za okazaną miłość.

Miłość dzieci jest zazwyczaj mniejsza niż miłość rodziców. Przysłowie koreańskie mówi: „Kiedy rodzice przez długi czas cierpią z powodu choroby, dzieci ich opuszczą". Kiedy rodzice są starsi i chorzy, a nie widać szans na wyleczenie, dzieci muszą się nimi opiekować, a radzenie sobie z ciężarem takiej sytuacji często ich przerasta. Małe dzieci mawiają: „Mamo, tato, nie wezmę ślubu tylko na zawsze będę mieszkać z wami". Być może naprawdę myślą, że będą mieszkać ze swoimi rodzicami na zawsze, jednak kiedy dorastają, stają się coraz mniej zainteresowani swoimi rodzicami, dbając o własne życie. Ludzie serca są zmienne i nieczułe z powodu grzechu, a zło jest tak wszechobecne, że zdarza się, iż rodzice zabijają swoje dzieci lub dzieci zabijają swoich rodziców.

Miłość między mężem a żoną

A co z miłością między małżonkami? Kiedy chodzą na randki, zwracają się do siebie słodkimi słówkami, mówiąc: „Nie mogę bez ciebie żyć. Będę cię kochać na zawsze". Ale co się dzieje po ślubie? Zaczynają okazywać sobie wrogość, mówiąc: „Przez ciebie nie mogę żyć tak, jakbym chciał/a. Zwiodłeś/aś mnie".

Kiedyś wyznawali sobie miłość, a po ślubie, często wspominają o separacji i rozwodzie, ponieważ wydaje im się, że nie dopasowali się pod względem rodziny, wykształcenia lub osobowości. Kiedy jedzenie nie jest takie, jak życzyłby sobie mąż, często padają słowa krytyki: „Co to niby jest? Nie mam co jeść". Kiedy mąż nie zarabia dość pieniędzy, żona nagabuje go słowami: „Mąż mojej przyjaciółki dostał awans, jest teraz menadżerem. Kiedy ty dostaniesz awans? Znajomi kupili nowy większy dom i nowy samochód, a my co? Kiedy stać nas będzie na coś lepszego?"

Statystyki podają, że w Korei w co drugim małżeństwie

dochodzi do przemocy domowej. Wiele małżeństw traci pierwszą miłość, zaczynają się nienawidzić i ciągle się kłócą. W dzisiejszych czasach jest wiele par, które się rozchodzą już w czasie swojego miesiąca miodowego! Średni czas od zawarcia ślubu do rozwodu jest coraz krótszy. Myśleli, że tak bardzo się kochają, ale kiedy zaczęli razem mieszkać, zaczęli zauważać swoje wady. Ponieważ ich sposób myślenia i gusty są tak odmienne, stale się kłócą, a wtedy ich uczucia są coraz słabsze.

Nawet jeśli nie mają zbyt dużych problemów, przyzwyczajają się do siebie, a miłość stygnie, a wtedy często zwracają oczy w kierunku kogoś innego. Mąż jest rozczarowany żoną, która rano nie wygląda idealnie, z czasem starzeje się i tyje, więc nie uważa jej już za czarującą. Miłość z czasem mogłaby się pogłębia, ale w większości przypadku niestety tak nie jest. Zmiany, które zachodzą pokazują, że ich miłość była tylko miłością cielesną, która szukała własnych korzyści.

Miłość między braćmi

Rodzeństwo, które urodziło się z tych samych rodziców i wychowywało się razem powinno być sobie bliskie bardziej niż ktokolwiek inny. Mogą na sobie polegać, ponieważ tyle ich łączy, jednak bardzo często okazuje się, że pojawia się między nimi duch rywalizacji i zaczynają sobie zazdrościć.

Pierworodny syn lub córka często mają wrażenie, że miłość rodziców, która kiedyś skupiała się na nich, trafiła teraz do młodszego rodzeństwa. Drugie dziecko może czuć się niepewne, ponieważ czuje się gorsze od starszego brata lub siostry. Środkowe dziecko może czuć się gorsze od starszego, a ponadto być przegniecione ciężarem obowiązku zajmowania się młodszym rodzeństwem. Często czują się jak ofiara i mają wrażenie, że rodzice nie zwracają na nich uwagi. Jeśli dzieci nie radzą sobie odpowiednio z takimi emocjami, często nie będą w stanie zbudować odpowiednich relacji z braćmi i siostrami.

Pierwsze morderstwo w historii ludzkości dotyczyło rodzeństwa. Zazdrość Kaina doprowadziła do tego, że nie potrafił znieść błogosławieństwa Bożego, jakie otrzymał Abel. Od tamtego czasu między rodzeństwem dochodzi do konfliktów. Bracia Józefa nienawidzili go i sprzedali go jako niewolnika do Egiptu. Syn Dawida, Absalom, zorganizował zabójstwo swojego brata Amnona. Dzisiaj wielu braci i siostry kłócą się o spadek i zachowują się w stosunku do siebie jak wrogowie.

Kiedy zakładają swoje rodziny, nie mają już czasu, by poświęcać go rodzeństwu. Ja byłem najmłodszy z rodzeństwa. Starsi bracia i siostry kochali mnie, ale kiedy zachorowałem i długo cierpiałem, sytuacja zmieniła się. Stałem się dla nich ciężarem. Próbowali mi pomóc, ale kiedy wydawało im się, że nie ma już nadziei, zaczęli się ode mnie odwracać.

Miłość sąsiedzka

W języku koreańskim jest określenie „sąsiad-kuzyn". Oznacza to, że nasi sąsiedzi są bliscy jak członkowie rodziny. Kiedy w przeszłości większość ludzi zajmowała się uprawą ziemi, to właśnie sąsiedzi byli kimś na kogo można liczyć. Niestety obecnie sytuacja się zmieniła. Ludzie żyją za zamkniętymi drzwiami, używają systemów zabezpieczających, a nawet nie znają ludzi, którzy mieszkają obok nich.

Nie troszczą się o innych i nie chcą wiedzieć, kim są ich sąsiedzi. Troszczą się tylko o siebie i najbliższą rodzinę. Nikomu nie ufają. Jeśli sąsiedzi robią coś, co nie jest dla nich wygodne, nie wahają się, lecz wykluczają ich z towarzystwa i kłócą się z nimi. Zdarza się, że sąsiedzi pozywają się do sądów w bardzo mało istotnych kwestiach. Jakiś czas temu miała nawet miejsce sytuacja, że sąsiad dźgnął swojego sąsiada nożem, ponieważ ten za bardzo hałasował.

Miłość przyjacielska

Co z miłością przyjacielską? Teoretycznie, przyjaciele powinni być zawsze po naszej stronie. Jednak nawet przyjaciele dopuszczają się zdrady i mogą opuścić cię nawet wtedy, gdy jesteś w trudnej sytuacji.

Zdarza się, że przyjaciel prosi o pożyczenie pewnej sumy pieniędzy lub o to, by ktoś został jego żyrantem ze względu na trudną sytuację finansową. Jeśli przyjaciel odmawia, proszący czuje się zdradzony i nie chce go więcej widzieć. Ale kto zachowuje się tutaj niewłaściwie?

Jeśli naprawdę kochasz swojego przyjaciele, nie możesz być powodem jego bólu. Jeśli masz trudną sytuację, a przyjaciel zostałby twoim żyrantem, przyjaciel i jego rodzina ucierpieliby z tego powodu. Miłość nie wymaga, by przyjaciel tak wiele ryzykował. W dzisiejszym świecie taka sytuacja jest dość często. Co więcej, Słowo Boże mówi, że niedobrze jest pożyczać pieniądze i być czyimś żyrantem. Kiedy jesteśmy nieposłuszni Słowu Bożemu, w wielu przypadkach szatan zaczyna działać i wywołuje wiele szkód w relacjach międzyludzkich.

„Gdy za bliźniego ręczyłeś, mój synu, gdy za obcego ręką świadczyłeś – słowami swych ust się związałeś, mową warg własnych jesteś schwytany" (Ks. Przysł. 6,1-2).

„Nie bądź z tych, co dają porękę, co ręczą za [cudze] długi" (Ks. Przysł. 22,26).

Niektórzy ludzie uważają, że mądrze jest wybierać sobie przyjaciół, dzięki którym można coś zyskać. W dzisiejszych czasach trudno jest znaleźć osobę, która bezinteresownie poświęci czas, siłę i pieniądze, by okazać szczerą miłość sąsiadom lub przyjaciołom.

W dzieciństwie miałem wielu przyjaciół. Zanim zacząłem wierzyć w Boga, uważałem ich za całe swoje życie. Myślałem, że taka przyjaźń będzie trwała na zawsze. Ale kiedy byłem chory, uświadomiłem sobie, że przyjaciele byli przy mnie tylko dla własnych korzyści, kiedy było im łatwo.

Początkowo pomagali mi szukać dobrych lekarzy i sposobów leczenia, ale nie zdrowiałem, więc jeden po drugim zostawiali mnie samego. Później jedyni przyjaciele, jakich miałem, to byli moi kumple „do kieliszka" i hazardu. Oni również nie byli przy mnie dlatego, że mnie kochali, ale ponieważ potrzebowali miejsca, w którym mogliby się spotykać. Nawet gdy ludzie mówią, że kochają, jeśli jest to miłość cielesna, szybko się zmienia.

Jak dobrze by było gdyby rodzice i dzieci, rodzeństwa, przyjaciele i sąsiedzi nie szukali własnych korzyści i nie zmieniali swojego nastawienia tak łatwo. Oznaczałoby to, że mają miłość duchową. Jednak w większości przypadków, nie mają miłości duchowej i nie potrafią znaleźć prawdziwego zadowolenia. Szukają miłość wśród członków rodziny i ludzi wokół. Ale kiedy to czynią, jeszcze bardziej pragną miłości, jakby pili wodę morską przez którą jeszcze bardziej chce im się pić.

Blaise Pascal powiedział, że w sercu każdego człowieka znajduje się pustka Bożej miłości, która nie może być wypełniona przez nic stworzonego, a jedynie przez Boga Stworzyciela, którego poznaliśmy dzięki Jezusowi. Nie odczujemy prawdziwego zadowolenia i będziemy mieć poczucie bezcelowości dopóki Bóg nie wypełni tej pustki. Czy oznacza to, że w świecie nie ma duchowej miłości, która nigdy się nie zmienia? Nie. Jest rzadka, ale jednak istnieje. W 1 Kor. 13 rozdziale czytamy o prawdziwej miłości.

„Miłość cierpliwa jest, łaskawa jest. Miłość nie zazdrości, nie szuka poklasku, nie unosi się pychą; nie dopuszcza się bezwstydu, nie szuka swego, nie unosi się gniewem, nie pamięta złego; nie cieszy się z niesprawiedliwości, lecz współweseli się z prawdą. Wszystko znosi, wszystkiemu wierzy, we wszystkim pokłada nadzieję, wszystko przetrzyma" (1 Kor. 13,4-7).

Bóg nazywa tę miłość miłością duchową i miłością prawdziwą. Jeśli poznamy miłość Bożą i odmieni nas prawda, posiądziemy miłość duchową. Niech wypełni nas miłość duchowa, dzięki której będziemy mogli kochać się nawzajem, nawet jeśli nie będzie to dla nas wygodne, a nawet przyniesie szkodę.

Jak sprawdzić, czy mamy miłość duchową?

Są ludzie, którzy błędnie uważają, że kochają Boga. Aby sprawdzić, czy pielęgnujemy miłość duchową i kochamy Boga, musimy sprawdzić nasze uczucia i czyny, które pojawiają się w trudnych sytuacjach, w trudnościach i chwilach próby. Możemy sprawdzić, czy pielęgnujemy miłość duchową, zastanawiając się nad tym, czy radujemy się i okazujemy wdzięczność z głębi serca oraz czy stale postępujemy zgodnie z wolą Bożą. Jeśli narzekamy, szukamy ziemskich sposobów poradzenia sobie z trudnościami i polegamy tylko na ludziach, oznacza to, że nie posiadamy miłości duchowej. Pokazuje to, że nasza wiedza o Bogu jest tylko wiedzą, a nie czymś, co pielęgnujemy w naszym sercu. Tak jak czek, który wydaje się być pieniędzmi, jest zaledwie kawałkiem papieru, miłość, która polega jedynie na wiedzy, nie jest prawdziwą miłością i nie ma żadnej wartości. Jeśli nasza miłość do Boga nie zmienia się i polegamy na Bogu w każdej trudnej sytuacji, wtedy możemy powiedzieć, iż mamy miłość duchową.

„Tak więc trwają wiara, nadzieja, miłość – te trzy: z nich zaś największa jest miłość".

1 Kor. 13,13

Część 2
Miłość w rozdziale o miłości

Rozdział 1 : Miłość, które pragnie Bóg

Rozdział 2 : Cechy charakterystyczne miłości

Rozdział 3 : Miłość doskonała

Miłość, której pragnie Bóg

„Gdybym mówił językami ludzi i aniołów, a miłości bym nie miał, stałbym się jak miedź brzęcząca albo cymbał brzmiący. Gdybym też miał dar prorokowania i znał wszystkie tajemnice, i posiadał wszelką wiedzę, i wszelką [możliwą] wiarę, tak iżbym góry przenosił, a miłości bym nie miał, byłbym niczym. I gdybym rozdał na jałmużnę całą majętność moją, a ciało wystawił na spalenie, lecz miłości bym nie miał, nic bym nie zyskał".

1 Kor. 13,1-3

Poniżej chcę opisać pewną sytuację, która miała miejsce w sierocińcu w Południowej Afryce, gdzie ciągle wzrastała ilość chorych dzieci. Nikt nie potrafił jednak znaleźć powodu, dla którego to się działo. Sierociniec zaprosił wielu różnych lekarzy, aby postawili swoje diagnozy. Po przeprowadzeniu dokładnych badań, lekarz powiedział: „Kiedy nie śpią, przytulajcie je i okazujcie im uczucia przynajmniej przez 10 minut". Ku ich zaskoczeniu choroba, która nie miała żadnego określonego powodu, zaczęła mijać. Dzieci potrzebowały więcej miłości niż czegokolwiek innego. Mimo, iż nie musimy się martwić o wydatki i żyjemy w obfitości, bez miłość nie mamy nadziei ani chęci życia. Można powiedzieć, że miłość jest najważniejszym czynnikiem w naszym życiu.

Ważność duchowej miłości

Trzynasty rozdział 1 Listu do Koryntian, nazywany rozdziałem o miłości, kładzie nacisk na ważność miłości o wiele wcześniej niż zaczyna wyjaśniać miłość duchową ze szczegółami. Nawet jeśli mówilibyśmy językami, a nie mielibyśmy miłości, bylibyśmy jedynie jako cymbał brzmiący.

„Języki ludzkie" nie odnoszą się tutaj do mówienia językami jako daru Ducha Świętego. Odnoszą się do wszystkich języków, jakimi porozumiewają się ludzie na ziemi. Cywilizacja i wiedza są usystematyzowane i przekazywane dzięki językowi, dlatego możemy powiedzieć, że język ma wielką moc. Dzięki językowi możemy wyrażać nasze emocje i myśli, aby przekonać innych i dotknąć ich serc. Języki ludzkie mają moc poruszania ludzi i osiągania celów. „Języki aniołów" odnoszą się do pięknych słów. Aniołowie są istotami duchowymi i reprezentują piękno. Kiedy ludzie wypowiadają piękne słowa pięknym głosem, często uznawani są za podobnych do aniołów. Jednak Bóg mówi, że nawet elokwentne i piękne słowa człowieka są niczym cymbał brzmiący pozbawiony (1 Kor. 13,1).

Zasadniczo, ciężki i solidny kawałek stali lub miedzi nie wydaje wcale głośnego dźwięku, kiedy o coś uderza. Jeśli tak jest, oznacza to, że albo w środku jest dziura albo jest cienki i lekki. Cymbały wydają głośne dźwięki, ponieważ wykonane są z cienkich kawałków mosiądzu. Tak samo jest z człowiekiem. Nasza wartość podobna jest do wartości pełnego kłosa pszenicy tylko, jeśli jesteśmy prawdziwymi synami i córkami Boga, a nasze serca wypełnione są Jego miłością. Natomiast ci, którzy nie mają Jego miłości są niczym chwasty. Dlaczego?

1 Jana 4,7-8 mówi: „Umiłowani, miłujmy się wzajemnie, ponieważ miłość jest z Boga, a każdy, kto miłuje, narodził się z Boga i zna Boga. Kto nie miłuje, nie zna Boga, bo Bóg jest miłością". Ludzie, którzy nie potrafią kochać, nie mają nic

wspólnego z Bogiem i są po prostu chwastami, które nie przynoszą plonów.

Słowa takich ludzi nie mają wartości, nawet jeśli są piękne i elokwentne, ponieważ nie zawierają prawdziwej miłości. Wywołują tylko poczucie dyskomfortu i są niczym brzmienie cymbałów. Z drugiej strony, słowa, które zawierają miłość mają niesamowitą moc i dają życie. Dowodem na to może być życie Jezusa.

Miłość daje życie

Pewnego dnia Jezus nauczał w świątyni, a uczeni w Piśmie i faryzeusze przyprowadzili do Niego kobietę, która została przyłapana na cudzołóstwie. Uczeni w Piśmie i faryzeusze nie zamierzali okazać jej nawet odrobiny współczucia. Powiedzieli do Jezusa: „Nauczycielu, tę kobietę dopiero pochwycono na cudzołóstwie. W Prawie Mojżesz nakazał nam takie kamienować. A Ty co mówisz?" (Jan 8,4-5)

Prawo w Izraelu było słowem i prawem Boga. Według prawa cudzołożnicy mieli być kamienowani. Gdyby Jezus powiedział, że należy ją ukamienować zgodnie z prawem, oznaczałoby to, że zaprzecza swoim własnym słowom, ponieważ nauczał, że powinniśmy miłować swoich nieprzyjaciół. Gdyby powiedział, że należy jej przebaczyć, byłoby to pogwałceniem prawa. Byłoby sprzeczne ze Słowem Boga.

Uczeni w Piśmie i faryzeusze byli z siebie dumni, myśląc, że znaleźli sposób, by Go pokrążyć. Jednak Jezus znał ich serca, dlatego kucnął i zaczął pisać coś na podłodze palcem. Następnie wstał i powiedział: „Kto z was jest bez grzechu, niech pierwszy rzuci na nią kamień" (Jan 8,7).

Kiedy Jezus ponownie kucnął i wrócił do pisania, ludzie zaczęli wychodzić jeden po drugim aż pozostał jedynie Jezus i kobieta. Jezus uratował życie kobiety, nie naruszając przepisów prawa.

Z zewnątrz to, co mówili faryzeusze i uczeni w Piśmie nie było fałszem, ponieważ zwyczajnie cytowali prawo. Jednak motywacja ukryta za ich słowami była inna niż motywacja Jezusa. Próbowali zaszkodzić komuś innemu, podczas gdy Jezus pragnął ratować ludzkie dusze.

Gdybyśmy mieli takie serca jak Jezus, modlilibyśmy się, myśląc o tym, jakie słowa mogą dać siłę innym i prowadzić ich do prawdy. Będziemy próbować przekazać innymi życie każdym słowem, jakie będziemy wypowiadać. Niektórzy ludzie próbują przekonać innych Słowami Boga lub negować ich zachowania, wytykając błędy i wady. Nawet jeśli takie słowa są prawdziwe, nie zmieniają ludzi ani nie dają życia, ponieważ nie są wypowiadane w miłości.

Dlatego, powinniśmy zawsze upewniać się, czy to, co mówimy jest prawdziwe, sprawiedliwe i pełne miłości, która daje życie innym. Słowa, które zawierają duchową miłość mogą stać się wodą życia i napoić spragnione dusze, mogą być jak drogocenne kamienie, które dają radość i pokrzepiają dusze, które cierpią.

Miłość z uczynkami poświęcenia

Proroctwa odnoszą się do przyszłości. W sensie biblijnym chodzi o słowa Boga, dzięki natchnieniu Ducha Świętego ze szczególnego powodu, mówiące o przyszłych wydarzeniach. Prorokowanie nie jest czymś, co można czynić zgodnie z ludzką wolą. 2 Piotra 1,21 mówi: „Nie z woli bowiem ludzkiej zostało kiedyś przyniesione proroctwo, ale kierowani Duchem Świętym mówili /od Boga/ święci ludzie". Dar proroctwa nie jest przekazywany komukolwiek. Bóg nie dałby daru proroctwa osobie, która nie jest uświęcona, ponieważ mogłaby stać się arogancka.

Dar proroctwa, jak określono w rozdziale o duchowej miłości, nie jest darem, który otrzymuje zaledwie kilka osób. Oznacza to, że każdy, kto wierzy w Jezusa i mieszka w prawdzie może przewidzieć przyszłość. Kiedy Jezus powróci na obłokach, zbawieni zostaną porwani w powietrze i wezmą udział w siedmioletnim przyjęciu, podczas, gdy osoby, które nie dostąpią zbawienia będą cierpieć na ziemi i trafią do piekła po tym, jak Bóg przeprowadzi sąd. Jednak mimo, że dzieci Boże mają dar proroctwa i mogą mówić o przyszłych wydarzeniach, nie wszyscy mają miłość duchową. Jeśli nie mają miłości duchowej, nie zmienią swojego nastawienia, a dar proroctwa nie będzie dla nich korzyścią. Sam dar nie jest większy niż miłość.

Tajemnica odnosi się do tego, co zostało ukryte przed wiekami, czyli słowa krzyża (1 Kor. 1,18). Słowo krzyża dotyczy zbawienia ludzkości, którego Bóg w swej miłości dokonał już przed wiekami. Bóg wiedział, że człowiek zgrzeszy i zacznie kroczyć drogą śmierci. Z tego powodu przygotował plan zbawienia i wysłał Jezusa, by stał się Zbawicielem. Dopóki to wszystko się nie wypełni, jest to Bożą tajemnicą. Dlaczego? Gdyby wszyscy znali szczegóły planu zbawienia, nie mógłby się on wypełnić, ponieważ szatan zrobiłby wszystko, by temu zapobiec (1 Kor. 2,6-8). Szatan myśli, że na wieki uda mu się zachować władzę, którą otrzymał przez grzech Adama. Ale właśnie dlatego, że szatan wysłał swoich ludzi, by zabili Jezusa, droga zbawienia została otwarta. Jednakże, mimo, że wiemy na ten temat tak wiele, wiedza nic nam nie daje, jeśli nie mamy duchowej miłości.

Tak samo jest z wiedzą. Termin „wiedza" nie odnosi się tutaj do nauki akademickiej. Odnosi się do znajomości Boga, prawdy i 66 ksiąg biblijnych. Kiedy dowiadujemy się o Bogu opisanym w Biblii, powinniśmy chcieć Go poznać i w Niego uwierzyć, ponieważ w innym przypadku, taka znajomość Słowa Bożego pozostanie jedynie wiedzą. Możemy ją nawet wykorzystywać do własnych celów, by osądzać i potępiać innych ludzi. Dlatego wiedza bez miłości duchowej nie ma żadnych korzyści. Co by było, gdybyśmy mieli taką wiarę, że moglibyśmy góry przenosić? Wielka wiara nie oznacza wielkiej miłości. Dlaczego nie są one dokładnie takie same? Wiara wzrasta, kiedy widzimy znaki i cuda oraz dzieła Boże. Piotr widział wiele znaków i cudów, wykonanych przez Jezusa, dlatego mógł chodzić po wodzie, kiedy Jezus był obok niego. Jednak Piotr nie miał miłości duchowej, ponieważ nie otrzymał jeszcze Ducha Świętego. Jego serce nie zostało obrzezane i nie odrzucił w pełni swoich grzechów, dlatego kiedy jego życiu groziło niebezpieczeństwo, trzykrotnie wyparł się Jezusa.

Nasz wiara wzrasta przez doświadczenia, ale duchowa miłość trafia do naszych serc przez wysiłek, poświęcenie i odrzucenie grzechu. Nie oznacza to, że między wiarą i duchową miłością nie ma bezpośredniej więzi. Możemy próbować odrzucić grzechy i próbować kochać Boga tylko wtedy, kiedy będziemy w Niego wierzyć. Jednak bez uczynków podobnych do uczynków naszego Pana i bez prawdziwej miłości, nasza praca nie będzie miała nic wspólnego z Bogiem bez względu na to, jak wierni będziemy starali się być. Będzie tak, jak powiedział Jezus: „Wtedy oświadczę im: Nigdy was nie znałem. Odejdźcie ode Mnie wy, którzy dopuszczacie się nieprawości!" (Mat. 7,23).

Miłość, która przynosi nagrody niebiańskie

Zazwyczaj pod koniec roku wiele organizacji i poszczególnych osób przekazuje pieniądze, by pomóc potrzebującym. Co jeśli ich imiona nie zostają wspomniane w prasie lub mediach? Wielu z nich przestałoby przekazywać pieniądze, gdyby nikt o tym nie mówił. W Mat. 6,1-2 Jezus powiedział: „Strzeżcie się, żebyście uczynków pobożnych nie wykonywali przed ludźmi po to, aby was widzieli; inaczej nie będziecie mieli nagrody u Ojca waszego, który jest w niebie. Kiedy więc dajesz jałmużnę, nie trąb przed sobą, jak obłudnicy czynią w synagogach i na ulicach, aby ich ludzie chwalili. Zaprawdę, powiadam wam: ci otrzymali już swoją nagrodę".

Takie dawanie ma jedynie przynieść samozadowolenie i pochwały. Jeśli osoba robi coś dla innych tylko z poczucia konieczności, będzie oczekiwać coraz więcej pochwał. Jeśli Bóg błogosławi takiej osobie, może ona pomyśleć, że to, co robi jest dobre w oczach Boga. Nie oczyści wtedy swojego serca i będzie to dla niego szkodliwe. Jeśli czynimy coś dla innych z miłości, nie będzie nam zależało na uznaniu. Ponieważ wierzymy w Boga Ojca, który wszystko widzi, możemy być pewni, że on nas wynagrodzi (Mat. 6,3-4).

Dobre czyny wykonywane w Bogu to nie tylko zaspokajanie

podstawowych potrzeb innych, jak ubranie, jedzenie czy mieszkanie. Chodzi o dostarczanie chleba duchowego i pokazanie drogi do zbawienia. W dzisiejszych czasach wielu ludzi wierzących i niewierzących uważa, że rolą kościoła jest pomaganie chorych, zaniedbanym i biednym. To oczywiście nic złego, ale obowiązkiem kościoła jest głoszenie ewangelii i zbawienie dusz, aby mogły uzyskać pokój duchowy. Ostateczny cel pracy charytatywnej to dobra nowina.

Dlatego, kiedy pomagamy innym, ważne jest, aby przyjąć prowadzenie Ducha Świętego. Jeśli pomoc trafia do nieodpowiedniej osoby, może okazać się, że nie zbliży jej to do Boga, a nawet oddali. To o wiele gorsza sytuacja, ponieważ może przez to stracić życie wieczne. Na przykład, jeśli pomagamy komuś, kto jest ubogi, ponieważ pije nadmierne ilości alkoholu lub uprawia hazard, lub komuś, kto przechodzi trudności, ponieważ sprzeciwiał się Bogu, wtedy taka pomoc będzie jeszcze bardziej szkodliwa. Oczywiście, nie oznacza to, że nie powinniśmy pomagać ludziom niewierzącym, ale przede wszystkim powinniśmy przekazać im miłość Bożą. Nie możemy zapominać, ze głównym celem działań charytatywnych jest przekazywanie ewangelii.

W przypadku osób nowo nawróconych, których wiara może być jeszcze słaba, powinniśmy wspierać i wzmacniać ich, dopóki ich wiara nie wzrośnie. Czasami ludzie wierzący mają wrodzone słabości lub choroby, innym wypadek przeszkodził w radzeniu sobie w życiu. Są również starsi obywatele, którzy mieszkają samotnie lub dzieci w domach dziecka, które nie mają rodziców. Takie osoby mogą potrzebować pomocy. Jeśli pomagamy ludziom w potrzebie, Bóg będzie nam błogosławił.

W 10 rozdziale Dziejów Apostolskich został przedstawiony Korneliusz, który otrzymał błogosławieństwo. Korneliusz bał się Boga i pomagał Żydom. Był setnikiem, czyli wysokiej rangi oficerem w armii okupującej Izrael. W jego sytuacji trudno było pomagać lokalnym ludziom. Żydzi byli podejrzliwi, a jego współpracownicy z pewnością krytykowali to, co robił. Ale ponieważ Korneliusz bał się Boga, nie zaprzestawał dobrze czynić. Bóg zauważył jego postępowanie i wysłał Piotra, aby Korneliusz mógł otrzymać Ducha Świętego i zbawienie.

Nie tylko pomoc wynika z duchowej miłości, ale również dary dla Boga. W 12 rozdziale Ewangelii Marka czytamy o wdowie, która aby uwielbić Boga złożyła dar prosto z serca. Oddała ostatnio grosz, za który miała przeżyć. W Mat. 6,21 czytamy: „Bo gdzie jest twój skarb, tam będzie i serce twoje". Ponieważ wdowa oddała wszystko, co miała, znaczyło to, że całym sercem kochała Boga. Był to wyraz jej miłości. Natomiast ofiary składane niechętnie lub ze względu na innych ludzi nie dają radości Bogu. W konsekwencji, takie dary nie przynoszą też korzyści dającemu.

Pomówmy teraz o samo-poświęceniu. „Oddanie ciała na spalenie" oznacza pełne poświęcenie. Zazwyczaj poświęcenie wynika z miłości. Jakie byłoby poświęcenie bez miłości?

Narzekanie po wykonaniu pracy dla Boga jest przykładem poświęcenia pozbawionego miłości. Kiedy ktoś poświęca siłę, czas i pieniądze na pracę dla Boga, ale nikt tego nie zauważa, dana osoba może żałować i zacząć narzekać; kiedy ktoś patrzy na innych ludzi i widzi, że nie są aż tak gorliwi, mimo iż uważają, że kochają Boga. Oceniając ich jako leniwych wyrażamy osąd i potępiamy ich. Takie zachowanie pokazuje, iż bardzo zależy nam na tym, aby inni uznali to, co robimy, aby chwalili nas i zauważyli naszą wierność. Takie poświęcenie nie przynosi pokoju i zasmuca Boga. Takie poświęcenie nie ma żadnej wartości.

Być może nie narzekasz otwarcie. Jednak, kiedy nikt nie uznaje twojego działania, czujesz się zniechęcony i tracisz gorliwość. Jeśli ktoś wytyka błędy i wady w twojej pracy, obwiniasz tych, którzy cię krytykują. Kiedy ktoś wydaje więcej owoców niż ty, jest chwalony przez innych, zaczynasz mu zazdrościć. Bez względu na to, jaki byłeś gorliwy, nie ma w tobie prawdziwej radości, dlatego możesz zaprzestać wykonywania swoich obowiązków.

Są ludzie, którzy okazują gorliwość tylko wtedy, gdy inni patrzą. Kiedy nikt nie obserwuje, są leniwi i postępują niewłaściwie. Chcą pracować tylko wtedy, gdy inni patrzą, ponieważ chcą być zauważeni przez starszych i uwielbiani. Jeśli więc ktoś ma wiarę, jakże możliwe jest poświęcenie bez miłości? Jest możliwe, gdy brakuje nam miłości duchowej. Brakuje nam poczucia, że to, co nasze należy go Boga, a to co Boże należy do nas.

Na przykład, porównajmy sytuację, w której rolnik pracuje na swoim polu, a na drugim polu pracuje pracownik, któremu płaci się za wykonaną pracę. Kiedy rolnik pracuje na własnym polu z chęcią wykonuje pracę od rana do wieczora. Nie ignoruje zadań, które ma do wykonania. Natomiast pracownik pracujący na polu, należącym do innej osoby, nie wkłada całej swojej energii i marzy o tym, by skończył się jego dzień pracy, by otrzymać wynagrodzenie i iść do domu. Taka sama zasada obowiązuje w Bożym królestwie. Jeśli ktoś nie kocha Boga z całego serca, będzie pracował powierzchownie, oczekując zapłaty. Będzie narzekał, jeśli nie otrzyma takiej zapłaty, jakiej się spodziewał.

Dlatego w Kol. 3,23-24 napisano: „Cokolwiek czynicie, z serca wykonujcie jak dla Pana, a nie dla ludzi, świadomi, że od Pana otrzymacie dziedzictwo /wiekuiste/ jako zapłatę. Służycie Chrystusowi jako Panu!". Poświęcenie i pomoc innym bez duchowej miłości nie mają dla Boga żadnego znaczenia ani nie przyniosą nam nagrody (Mat. 6,2).

Jeśli nasze poświęcenie wypływa ze szczerego serca, oznacza to, iż posiedliśmy miłość duchową. Jeśli nasze serce pełne jest miłości, oddajemy nasze życiu Bogu. Ta, jak zapalona świeczka świeci w ciemności, możemy oddać Bogu wszystko, co mamy. W Starym Testamencie, kiedy kapłan zabijał zwierzę na ofiarę, wylewał jego krew i tłuszcz na ołtarz. Nasz Pan Jezus, tak jak zwierzęta składane na ofiarę, przelał swoją krew, by odkupić nas z grzechu. Pokazał nam przykład prawdziwego poświęcenia.

Dlaczego Jego poświęcenie było tak skuteczne dla zbawienia dusz? Ponieważ Jego poświęcenie wynikało z prawdziwej miłości. Jezus wypełnił wolę Boga i poświęcił swoje życie. W ostatnich chwilach modlił się modlitwą wstawienniczą za dusze ludzi (Łuk. 23,34). Ze względu na to, iż Jego poświęcenie było doskonałe, Bóg wzbudził Go z martwych i przywrócił Jego stanowisko w niebie.

W Liście do Fil. 2,9-10 czytamy: „Dlatego też Bóg Go nad wszystko wywyższył i darował Mu imię ponad wszelkie imię, aby na imię Jezusa zgięło się każde kolano istot niebieskich i ziemskich i podziemnych".

Jeśli odrzucimy zawiść i nieczyste pragnienia, a poświęcimy swoje czyste serca tak, jak Jezus, Bóg wywyższy nas. Nasz Pan obiecał nam w Mat. 5,8: „Błogosławieni czystego serca, albowiem oni Boga oglądać będą". Dzięki Bożemu błogosławieństwu będziemy mogli oglądać Jego twarz.

Miłość większa niż sprawiedliwość

Pastor Yang Won Sohn nazywany jest „atomową bombą miłości". Jest przykładem poświęcenia wypływającego z prawdziwej miłości. Troszczył się o trędowatych z całych swoich sił. Trafił do więzienia, ponieważ nie chciał oddać pokłonu przy japońskim pomniku ofiar wojny, kiedy Japonia rządziła Koreą. Pomimo jego poświęconej pracy dla Boga, pewnego dnia otrzymał szokującą wiadomość. W październiku 1948 roku jego dwóch synów zostało zabitych przez żołnierzy podczas rebelii przeciwko panującej władzy. Przeciętny człowiek narzekałby na Boga, mówiąc: „Skoro Bóg istnieje, dlaczego uczynił coś takiego?". Zamiast tego dziękował za to, że jego synowie byli męczennikami i trafili do nieba, by być z Panem. Co więcej, przebaczył zabójcy swoich synów i adoptował go. Podczas pogrzebu podziękował Bogu za dziewięć rzeczy i serca ludzi były głęboko poruszone.

„Po pierwsze, dziękuję za to, że moi synowie zostali męczennikami, mimo iż urodzili się w mojej rodzinie, w której jest tak wiele niedociągnięć".

Po drugie, dziękuję Bogu, że mogę należeć do Jego rodziny i mieć tylu wspaniałych ludzi wokół siebie.

Po trzecie, dziękuję, że moi synowie poświęcili się. Byli najwspanialszymi z moich dzieci.

Po czwarte, dziękuję za to, że aż dwoje moich dzieci zostało męczennikami.

Po piąte, śmierć w wierze w Pana Jezusa jest błogosławieństwem, dlatego dziękuję, że zostali zabici, gdy głosili ewangelię.

Po szóste, przygotowywali się, by pojechać na studia do Stanów Zjednoczonych, a obecnie są w Bożym królestwie, które jest o wiele lepszym miejscem niż USA. Dziękuję za to.

Po siódme, dziękuję Bogu za to, iż mogłem adoptować chłopaka, który zabił moich synów.

Po ósme, dziękuję za to, że wierzę, iż w niebie czeka na moich synów wiele błogosławieństw.

Po dziewiąte, dziękuję Bogu, iż pozwolił mi uświadomić sobie Jego miłość i cieszyć się nią nawet w chwilach trudu".

Aby opiekować się chorymi, pastor Yang Won Sohn nie pozwolił się ewakuować nawet w czasie Wojny Koreańskiej. W końcu został zabity przez komunistycznych żołnierzy. Opiekował się choroby, którzy byli całkowicie opuszczeni i w dobroci zadbał nawet o osobę, która pozbawiła życia jego synów. Poświęcił się, ponieważ był pełen prawdziwej miłości Bożej.

W Kol. 3,14 czytamy: „Na to zaś wszystko /przyobleczcie/ miłość, która jest więzią doskonałości". Nawet jeśli mówimy językiem aniołów i mamy dar proroctwa oraz wiarę, by poruszyć góry, poświęcamy się dla ludzi w potrzebie, nasze czyny nie będą doskonałe w oczach Boga, jeśli nie są wykonywane w miłości. Skoncentrujemy się teraz na prawdziwej miłości, na miłości, której nie da się zmierzyć, czyli miłości Bożej.

Cechy charakterystyczne miłości

"Miłość cierpliwa jest, łaskawa jest. Miłość nie zazdrości, nie szuka poklasku, nie unosi się pychą; nie dopuszcza się bezwstydu, nie szuka swego, nie unosi się gniewem, nie pamięta złego; nie cieszy się z niesprawiedliwości, lecz współweseli się z prawdą. Wszystko znosi, wszystkiemu wierzy, we wszystkim pokłada nadzieję, wszystko przetrzyma".

1 Kor. 13,4-7

W 24 rozdziale Ewangelii Mateusza opisana jest scena, w której Jezus rozpacza, patrząc na Jerozolimę, wiedząc, że jej koniec jest bliski. Wiedział, że niedługo umrze na krzyżu, ale rozmyślał o tym, co czekało Żydów i Jerozolimę. Uczniowie zastanawiali się dlaczego i pytali: „Powiedz nam, kiedy to nastąpi i jaki będzie znak Twego przyjścia i końca świata?" (w. 3)

Więc Jezus powiedział im o wielu znakach oraz o tym, że „wzmoże się nieprawość, oziębnie miłość wielu" (w. 12).

W dzisiejszych czasach, z pewnością możemy zauważyć, że miłość ludzka oziębła. Wielu ludzi szuka miłości, ale wcale nie wiedzą, czym jest prawdziwa miłość, czyli miłość duchowa. Nie jesteśmy w stanie posiąść prawdziwej miłości tylko dlatego, że tego chcemy. Możemy ją zyskać tylko, gdy zaprosimy Boga do swego serca. Wtedy nasze zrozumienie wzrośnie i odrzucimy zło ze swego serca.

W Rzym. 5,5 czytamy: „A nadzieja zawieść nie może, ponieważ miłość Boża rozlana jest w sercach naszych przez Ducha Świętego, który został nam dany". Możemy poczuć miłość Bożą dzięki obecności Ducha Świętego w naszych sercach.

Bóg mówi o cechach charakterystycznych duchowej miłości w 1 Liście do Koryntian 13,4-7. Boże dzieci muszą nauczyć się i praktykować taką miłość, by stać się posłańcami miłości.

 ## 1. Miłość jest cierpliwa

Jeśli komuś brakuje cierpliwości, która jest jedną z cech duchowej miłości, swoim zachowaniem może zniechęcać innych ludzi. Przypuśćmy, że kierownik daje komuś zadanie do wykonania, a dana osoba nie wykonuje polecenia we właściwy sposób. Wtedy kierownik od razu przekazuje zadanie komuś innemu. Osoba, której nie udało się dobrze wykonać zadania, może popaść w rozpacz, jeśli nie dostanie drugiej szansy. Bóg wymienia cierpliwość jako pierwszą, ponieważ jest ona podstawą dbałości o miłość duchową. Jeśli kochamy, czekanie wcale nie jest nudne.

Kiedy uświadomimy sobie miłość Bożą, będziemy dzielić się nią z innymi. Czasami, kiedy będziemy kochać innych taką miłością, ktoś może złamać nam serce. Miłość duchowa wymaga cierpliwości nawet w stosunku do takich ludzi. Nawet jeśli nas prześladują, nienawidzą lub powodują trudności, musimy się kontrolować i zachować cierpliwość.

Pewien członek kościoła poprosił mnie, abym modlił się za jego żonę, która chorowała na depresję. Powiedział mi, że jest pijakiem i kiedy zaczynał pić, stawał się kompletnie innym człowiekiem i uprzykrzał życie członkom swojej rodziny. Jego żona była cierpliwa i próbowała okazywać mu miłość. Jednak jego nawyki nie zmieniały się i z czasem stał się alkoholikiem. Jego żona natomiast straciła chęć do życia i wpadła w depresję.

Tak bardzo utrudniał życie swojej rodzinie, a jednak przyszedł z prośbą, by się za niego modlić, ponieważ nadal kochał swoją żonę. Kiedy wysłuchałem jego historii, powiedziałem: „Jeśli naprawdę kochasz swoją żonę, czy nie byłoby dobrze rzucić picie i palenie?". Nic nie odpowiedział i widać było, że bardzo brakowało mu pewności siebie. Było mi żal jego rodziny. Modliłem się za jego żonę, by została uzdrowiona z depresji i za niego, by rzucił picie i palenie. Boża moc jest niezwykła! Udało mu się. Mimo, że wcześniej wydawało się to niemożliwe, kiedy modliłem się za niego, odniósł sukces. Jego żona również została uzdrowiona.

Cierpliwość jest początkiem duchowej miłości

Aby dbać o duchową miłość, musimy być cierpliwi. Czy cierpisz z jakiegoś powodu? Czy czujesz się zniechęcony, jak żona opisana w powyższej historii, ponieważ sytuacja nie zmienia się na lepsze? Zanim zaczniesz obwiniać okoliczności lub innych ludzi, sprawdź, jakie jest twoje serce. Jeśli w twoim sercu jest prawda, okażesz cierpliwość. Jeśli nie potrafimy okazać cierpliwości, oznacza to, iż w naszym sercu panoszy się zło i fałsz.

Musimy być cierpliwi w stosunku do siebie i wszelkich trudności, jakie znajdą się na naszej drodze. Być może staniesz w obliczu trudnej sytuacji, kiedy będziesz chciał okazać miłość, i to dzięki cierpliwości będziesz mógł sobie poradzić.

Taka cierpliwość różni się od cierpliwości opisanej w Gal. 5,22-23 jako jeden z darów Ducha Świętego. Dlaczego? Cierpliwość, która jest jednym z darów Ducha Świętego zachęca nas do okazywanie cierpliwości we wszystkich dla Bożego królestwa i Jego sprawiedliwości, podczas gdy cierpliwość wypływająca z duchowej miłości pomaga pielęgnować taką miłość, dlatego ma węższe znaczenie. Możemy powiedzieć, że jest częścią cierpliwości opisanej jako jeden z darów Ducha Świętego.

W dzisiejszych czasach ludzi często oskarżają się o coś przed sądem. Wielokrotnie pozywają nawet swoich bliskich. Jeśli mamy cierpliwość, ludzie mogą uważać nas za głupców, ale co mówi na

Cierpliwość jako jeden z dziewięciu owoców Ducha Świętego	1. Odrzucenie fałszu i pielęgnowanie prawdy w sercu 2. Zrozumienie innych, pomoc im i życiu w pokoju z ludźmi 3. Otrzymanie odpowiedzi na modlitwę, zbawienia i Bożych błogosławieństw

to Jezus?

W Mat. 5,39-40 czytamy: „A Ja wam powiadam: Nie stawiajcie oporu złemu. Lecz jeśli cię kto uderzy w prawy policzek, nadstaw mu i drugi. Temu, kto chce prawować się z tobą i wziąć twoją szatę, odstąp i płaszcz!"

Jezus nie mówi nam, abyśmy odpłacali złem za zło, ale byli cierpliwi. Mówi nam, aby postępować właściwie nawet w stosunku do ludzi, którzy są źli. Być może zastanawiamy się, jak można być dobrym dla kogoś, kto nas krzywdzi. Jeśli mamy wiarę i miłość, będziemy w stanie to uczynić. To wiara w miłość Boga, który oddał za nasze grzechy swojego jedynego Syna. Jeśli wierzymy, że mamy taką miłość, jesteśmy wstanie przebaczyć ludziom, którzy są przyczyną naszego cierpienia. Jeśli kochamy Boga, który ukochał nas i oddał swojego Syna, będziemy w stanie okazać miłość każdemu człowiekowi.

Nieograniczona cierpliwość

Niektórzy ludzie powstrzymują swoją nienawiść, gniew czy inne negatywne emocje aż do granic cierpliwości, aby w końcu wybuchnąć. Niektórzy ludzie są skryci i nie wyrażają swoich emocji, lecz cierpią wewnętrznie, co prowadzi do stresu i problemów zdrowotnych. Taka cierpliwość jest jak metalowa sprężyna, która dopóki ktoś hamuje ją rękoma, stoi w miejscu, ale jeśli tylko puści się ręce, uwalnia się i podskakuje. Cierpliwość, której pragnie Bóg, to cierpliwość do końca w każdej sytuacji. Nie możemy zachować nienawiści i niechęci w sercu, lecz musimy usunąć zło i wypełnić serca miłością i współczuciem. To jest istotą duchowej cierpliwości. Jeśli nie mamy w sobie zła, a tylko cierpliwość duchową, nietrudno jest kochać nawet wrogów, ponieważ wrogość w ogóle się nie pojawi.

Jeśli nasze serce pełne jest nienawiści, zwad, zazdrości, zawsze będziemy dostrzegać wady innych. Z drugiej strony, jeśli nasze serca będą pełne miłości, wtedy nawet osoby, które nie zachowują się w odpowiedni sposób, będą wyglądać w naszych oczach inaczej. Bez względu na wady i słabości, nie będziemy odczuwać do nikogo nienawiści. Nawet jeśli ktoś okaże nam nienawiść i zachowa się źle, my nie odpłacimy w ten sam sposób.

Cierpliwość jest typową cechą dzieci Bożych. Szczepan modlił się za ludzi, którzy go kamienowali: „Panie, przebacz im, bo nie wiedzą, co czynią" (Dz. Ap. 7,60). Ukamienowali go za to, że głosił ewangelię. Czy Jezusowi trudno było kochać grzeszników? Nie, ponieważ Jego serce było pełne prawdy.

Pewnego dnia Piotr zadał Jezusowi pytanie: „Panie, ile razy mam przebaczyć, jeśli mój brat wykroczy przeciwko mnie? Czy aż siedem razy?" (Mat. 18,21) Jezus odpowiedział: „Nie mówię ci, że aż siedem razy, lecz aż siedemdziesiąt siedem razy" (w. 22). Nie oznacza to, że powinniśmy przebaczać tylko siedemdziesiąt razy siedem, czyli 490 razy. Siedem jest duchową liczbą symbolizującą doskonałość. Dlatego przebaczanie siedemdziesiąt razy siedem razy oznacza doskonałe przebaczenie. Dzięki temu możemy odczuć bezgraniczną miłość i przebaczenie Jezusa.

Cierpliwość, dzięki której osiąga się miłość duchową

Oczywiście niełatwo pozbyć się nienawiści w jednej chwili. Musimy być cierpliwi i nie ustawać. W Efez. 4,26 czytamy: „Gniewajcie się, a nie grzeszcie: niech nad waszym gniewem nie zachodzi słońce!"

Gniew odnosi się tutaj do osób, których wiara jest słaba. Bóg mówi takim ludziom, że nawet jeśli się gniewają, ponieważ brak im wiary, nie powinni pielęgnować gniewu dłużej niż do zachodu słońca, czyli przez długi czas, lecz odpuścili. Nawet jeśli pojawia się gniew, należy odrzucić takie uczucie dzięki cierpliwości i wytrwaniu, dzięki temu nasze serce będzie pełne prawdy i duchowej miłości, która będzie wzrastać.

Jeśli chodzi o grzeszną naturę, która się w nas panoszy,

człowiek musi modlić się gorliwie o pełnię Ducha Świętego. Ważne jest, abyśmy patrzyli na innych z wyrozumiałością i pokazywali im dobre uczynki. Kiedy tak postępujemy, nienawiść zniknie i będziemy kochać ludzi. Nie będziemy mieć konfliktów ani nie będzie w nas nienawiści. Będziemy szczęśliwi tak jak powiedział Pan: „Oto bowiem królestwo Boże pośród was jest" (Łuk. 17,21).

Kiedy ktoś jest szczęśliwy, mówi, że „czuje się jak w niebie". Podobnie, królestwo Boże pośród nas odnosi się do tego, że człowiek odrzucił fałsz i wypełnił swoje serce miłością, prawdą i dobrocią. Nie musi być cierpliwy, ponieważ zawsze jest szczęśliwy i radosny oraz pełen łaski, gdyż kocha wszystkich wokół siebie. Im bardziej odrzucamy zło i pielęgnujemy dobro, tym mniej cierpliwości będzie nam potrzebne. Jeśli uda nam się osiągnąć miłość duchową, nie będziemy potrzebować cierpliwości, by powstrzymać pojawiające się uczucia, ponieważ będziemy z cierpliwością i spokojem oczekiwać na zmianę w ludziach dzięki miłości Bożej.

W niebie nie będzie łez, smutku ani bólu. Ponieważ nie ma tam zła, a tylko dobroć i miłość, nie ma nienawiści, gniewu ani porywczości. Nie będziemy musieli powstrzymywać swoich emocji. Oczywiście, Bóg nie musi okazywać cierpliwości, ponieważ jest miłością Sam w sobie. Powodem, dla którego Biblia mówi, że „miłość jest cierpliwa" jest to, że jako ludzie mamy pewne ramy myśli i zachowań. Bóg pragnie pomóc ludziom lepiej to wszystko zrozumieć. Im więcej zła odrzucimy i zyskamy dobroci, tym mniej cierpliwości będzie nam potrzebne.

Cierpliwość zmienia wroga w przyjaciela

Abraham Lincoln, szósty prezydent USA, oraz Edwin Stanton nie mieli zbyt dobrych stosunków, kiedy byli prawnikami. Stanton pochodził z bogatej rodziny i otrzymał dobre wykształcenie. Ojciec Lincolna był prostym szewcem i nie skończył szkoły podstawowej. Stanton naśmiewał się z Lincolna, ale Lincoln nie okazywał gniewu i nigdy mu się nie odgryzał.

Po tym jak Lincoln został wybrany na prezydenta, wybrał Stantona na Sekretarza Wojny. Jest to jedno z najważniejszych stanowisk w rządzie. Lincoln wiedział, że Stanton był odpowiednią osobą. Później, kiedy Lincoln został zastrzelony, wielu ludzi uciekało w obawie o swoje życie, jednak Stanton pobiegł prosto do Lincolna, trzymał go w ramionach i z oczami pełnymi łez powiedział: „Oto leży najwspanialszy człowiek na świecie. Jest największym dowódcą w historii".

Cierpliwość czyni cuda i zmienia wrogów w przyjaciół. W Mat. 5,45 czytamy: „Tak będziecie synami Ojca waszego, który jest w niebie; ponieważ On sprawia, że słońce Jego wschodzi nad złymi i nad dobrymi, i On zsyła deszcz na sprawiedliwych i niesprawiedliwych".

Bóg jest cierpliwy nawet w stosunku do złych ludzi i pragnie, by pewnego dnia zmienili się. Jeśli traktujemy złych ludzi źle, oznacza to, że sami jesteśmy źli, ale jeśli okazujemy im miłość i cierpliwość, otrzymamy piękne mieszkanie w niebie (Ps. 37,8-9).

2. Miłość jest dobrotliwa

Pośród bajek Ezopa jest historia o słońcu i wietrze. Pewnego dnia słońce i wiatr założyły się o to, kto pierwszy zdejmie płaszcz przechodzącemu człowiekowi. Wiatr miał zacząć i szybko wzmógł się tak, że mógłby zwalić drzewo. Człowiek owinął się swoim płaszczem jeszcze szczelniej. Następnie słońce z uśmiechem na twarzy zaczęło delikatnie ogrzewać powietrze. Kiedy zrobiło się ciepło, człowiek ściągnął swój płaszcz.

Ta historia daje nam dobrą lekcję. Wiatr starał się siłą zdjąć płaszcz, natomiast słońce postąpiło tak, że człowiek sam ściągnął swój płaszcz. Dobrotliwość jest podobna do działania słońca. Dobrotliwość jest delikatnym dotykiem, a nie siłą; jest dobrocią i miłością.

Dobrotliwość akceptuje każdego takim, jakim jest

Dobrotliwa osoba akceptuje innych ludzi i jest obecność jest dla nich przyjemnością. Słownikowa definicja dobrotliwości podaje, że jest to „stan bycia miłym i dobrotliwym", czyli mieć naturę, która wiele znosi. Kiedy myślimy o bawełnie, łatwiej nam zrozumieć dobrotliwość. Bawełna nie wydaje z siebie żadnego dźwięku, kiedy coś o nią uderza. Jest w stanie znieść bardzo wiele, i po prostu otula inne przedmioty. Osoba dobrotliwa jest niczym drzewo, pod którego konarami mogą schronić się inni. Jeśli latem wejdziemy po duże drzewo, by uniknąć słońca, czujemy się lepiej. Podobnie, jeśli człowiek ma dobre serce, inni ludzie będą chcieli spędzać z nim czas.

Zazwyczaj, kiedy człowiek jest miły i dobrotliwy, nie gniewa się nawet na ludzi, którzy zawracają mu głowę i nie narzuca swoich opinii, ponieważ ma łagodność w sercu. Jednak bez względu na to, jaki jest łagodny, jeśli Bóg nie rozpozna jego dobroci, nie zostanie uznany za dobrotliwego. Są ludzie, którzy są posłuszni innym, ponieważ z natury są słabi i łagodni. Inni wyrażają swój gniew wtedy, gdy są rozgniewani, bo inni uprzykrzają im życie. Nie można uznać ich za dobrotliwych. Ludzie, którzy nie mają w sobie zła, lecz miłość, która znosi i akceptuje złych ludzi to duchowa dobrotliwość.

Bóg pragnie duchowej dobrotliwości

Duchowa dobrotliwość jest wynikiem pełni duchowej miłości i wyzbycia się zła. Dzięki takiej duchowej dobrotliwości nie sprzeciwiamy się innym, lecz akceptujemy ich bez względu na to, jak są uciążliwi. Takie zachowanie wypływa z mądrości. Musimy jednak pamiętać, że nie zostaniemy uznani za dobrotliwych tylko dlatego, że bezwarunkowo rozumiemy i przebaczmy lub jesteśmy mili w stosunku do kogoś. Musimy mieć w sobie sprawiedliwość, godność i władzę, aby być w stanie poprowadzić innych i mieć na nich wpływ. Oznacza to, że osoba posiadająca dobrotliwość duchową jest nie tylko delikatna, ale również mądra i sprawiedliwa. Może być przykładem dla innych. Ma łagodność w sercu, a na zewnątrz okazuje innym cnotliwą szczodrość.

Nawet jeśli nasze serce jest dobrotliwe, i nie mamy w sobie zła, a tylko dobroć, jeśli jesteśmy mili tylko na zewnątrz, nie będziemy mieć korzystnego wpływu na innych ludzi. Dlatego i nasz charakter i to, co widać na zewnątrz muszą być doskonałe. Jeśli mamy w sobie szczodrość i dobrotliwość, możemy zdobyć serca wielu ludzi i wiele osiągnąć.

Człowiek może okazywać innym prawdziwą miłość, kiedy ma dobroć w sercu, pełnię współczucia i szczodrość tak, by poprowadzić innych. Może prowadzić wtedy dusze do zbawienie. Dobrotliwość w środku nie zajaśnieje, jeśli ktoś nie okazuje szczodrości na zewnątrz. W jaki sposób więc powinniśmy pielęgnować naszą dobrotliwość?

Miarą wewnętrznej dobrotliwości jest uświęcenie

Aby osiągnąć dobrotliwość, musimy wyzbyć się zła i stać się uświęconymi. Dobrotliwe serce jest jak bawełna, nawet jeśli ktoś zachowuje się agresywnie, człowiek dobrotliwy nie kłóci się, lecz przyjmuje. Dobrotliwe serce nie ma w sobie zła, a człowiek, który je posiada nie ma konfliktów z innymi. Jeśli ktoś ma w sobie nienawiść, zazdrość lub zawiść, trudno jest okazywać innym życzliwość.

Kiedy kamień upada o kamień lub metal, wywołuje głośny hałas i odbija się. Tak samo, jeśli nadal jest w nas cielesność, widać nasze negatywne uczucia nawet gdy doświadczamy maleńkich problemów. Kiedy ludzie mają braki charakteru i wady, nie jesteśmy w stanie ich chronić ani zrozumieć, a zamiast tego osądzamy, potępiamy i plotkujemy. Jesteśmy jak małe naczynie: kiedy tylko coś się do niego włoży, od razu kipi.

Małe serce, które pełne jest zła, nie może pomieścić nic innego. Na przykład, możemy czuć się urażeni, jeśli ktoś wytyka nasze błędy. Kiedy widzimy, jak inni szeptają, może nam się wydawać, że mówią o nas i zastanawiamy się, co mówią. Osądzamy innych nawet wtedy, gdy tylko rzucą na nas okiem.

Dobrotliwość może być pielęgnowana tylko w sercu pozbawionym zła. Powodem jest to, że kiedy wyrzucimy zło, możemy chwalić innych, zauważać ich dobroć i miłość. Osoba dobrotliwa patrzy na innych z miłosierdziem i współczuciem. Nie osądza ani nie potępia; próbuje zrozumieć z miłością i dobrocią, a wtedy zło innych ludzi rozpływa się w ich cieple.

Jest to szczególnie ważne, aby ludzie, którzy nauczają i prowadzą innych byli uświęceni. Źli ludzie myślą w sposób cielesny, nie potrafią dobrze ocenić sytuacji ani nie prowadzą innych we właściwym kierunku. Możemy otrzymać prowadzenie Ducha Świętego i zrozumieć sytuację trzody tak, by prowadzić ją odpowiednio, jeśli jesteśmy uświęceni. Bóg uznaje tych, którzy są uświęceni za dobrotliwych. Różni ludzie mają różne standardy, jednak dobrotliwość w oczach ludzkich jest z pewnością inna niż dobrotliwość w oczach Boga.

Bóg uznaje dobrotliwość Mojżesza

W Biblii czytamy, że Bóg uznał Mojżesz za dobrotliwego. Dowiadujemy sie o tym, jak było to ważne z 12 rozdziału Księgi Liczb. Kiedy brat Mojżesza, Aaron i jego siostra Miriam krytykowali Mojżesza, ponieważ poślubił Kuszytkę.

Ks. Liczb 12,2: „Czyż Pan mówił z samym tylko Mojżeszem? Czy nie mówił również z nami? A Pan to usłyszał".

Jak Bóg na to zareagował? „Twarzą w twarz mówię do niego – w sposób jawny, a nie przez wyrazy ukryte. On też postać Pana ogląda. Czemu ośmielacie się przeciwko memu słudze, przeciwko Mojżeszowi, źle mówić?" (Ks. Liczb 12,8) Aaron i Miriam wypowiadali słowa krytyki, czym rozgniewali Boga. Z tego powodu Miriam zachorowała na trąd. Aaron był jakby rzecznikiem Mojżesza, Miriam była jedną z liderek zgromadzenia. Ponieważ byli bardzo pewni siebie, uważali, iż mogą krytykować Mojżesza, gdy źle postąpił.

Bóg nie przyjął słów potępienia wypowiadanych przeciwko Mojżeszowi. Jakim człowiekiem był Mojżesz? Został uznany przez Boga za najskromniejszego i najłagodniejszego z ludzi. Był wierny domowi Bożemu, dlatego Bóg mu zaufał i rozmawiał z nim.

Kiedy przyjrzymy się historii, kiedy lud izraelski ucieka z Egiptu i zmierza do Kanaanu, zrozumiemy, dlaczego Bóg szanował Mojżesza. Ludzie, którzy wyszli z Egiptu ciągle grzeszyli i sprzeciwiali się woli Bożej. Narzekali na Mojżesza i obwiniali go o wszelkie trudności. Narzekali też na Boga. Zawsze kiedy oni narzekali, Bóg prosił Boga o miłosierdzie.

Pewna sytuacja silnie uwidoczniła dobrotliwość Mojżesza. Kiedy Mojżesz był na Górze Synaj, gdzie otrzymał Boże przykazania, lud izraelski uczynił sobie bożka – cielca ze złota – a także jadł, pił i zachowywał się nieodpowiednio, oddając bożkowi cześć. Egipcjanie oddawali cześć takim bożkom, jednak Bóg pokazał Izraelitom wielokrotnie, że jest z nimi, a mimo to ich serca nie zmieniły się. W końcu Bóg rozgniewał się, jednak Mojżesz od razu wstawił się za ludem: „Przebacz jednak im ten grzech! A jeśli nie, to wymaż mię natychmiast z Twej księgi, którą napisałeś" (Ks. Wyjścia 32,32).

„Z Twej księgi, którą napisałeś" to słowa, które odnoszą się do księgi imion ludzi zbawionych. Jeśli twoje imię nie znajdzie się tam, nie otrzymasz zbawienia. Nie oznacza to tylko, że nie otrzymasz zbawienia, ale również to, iż będziesz cierpieć w piekle na wieki. Mojżesz wiedział o życiu po śmierci, lecz chciał uratować swój lud, dlatego był gotowy poświęcić dla nich swoje zbawienie. Serce Mojżesza było podobne do serca Boga, który nie chce, by ktokolwiek zginął.

Dobrotliwość Mojżesza ukształtowana w doświadczeniach

Oczywiście, Mojżesz nie miał w sobie takiej dobrotliwości od początku. Mimo, iż był Hebrajczykiem, został wychowany przez egipską księżniczkę i niczego mu nie brakowało. Otrzymał wykształcenie oraz był biegły w sztukach walki. Był dumny i pewny siebie. Pewnego dnia zobaczył, że Egipcjanin bije Hebrajczyka i zabił go.

Z tego powodu w jednej chwili stał sie wygnańcem. Na szczęście, został pasterzem i pomagał kapłanowi midiańskiemu. W Egipcie stracił wszystko. Egipcjanie uważali zajęcie pasterza za bardzo mało chlubne. Przez 40 lat musiał przyzwyczaić się, że ludzie go poniżali. W międzyczasie ukorzył się i wiele się nauczył o Bożej miłości i życiu.

Bóg nie powołał Mojżesza, księcia Egiptu, aby został przywódcą Izraela. Bóg powołał Mojżesza, który był skromnym pasterzem. Mojżesz uniżył się sie i odrzucił zło ze swojego serca dzięki próbom, jakie musiał przejść, dlatego był w stanie wyprowadzić z Egiptu ponad 600 000 ludzi.

W pielęgnowaniu dobrotliwości istotne jest pielęgnowanie dobroci i miłości, uniżenie się przed Bogiem, który pozwala zwyciężyć próby. Pokora jest bardzo ważna. Jeśli jesteśmy zadowoleni z naszego obecnego stanu, jesteśmy podobni do Aarona i Miriam, co może doprowadzić nas do arogancji.

Szczodrość doskonali duchową dobrotliwość

Aby pielęgnować duchową dobrotliwość, musimy nie tylko stać się uświęceni i odrzucić z serca zło, ale musimy też pielęgnować cnotliwą szczodrość. Cnotliwa szczodrość jest zrozumieniem i akceptowaniem innych, właściwym postępowaniem oraz poddanym sercem, dzięki zrozumieniu własnych wad i zaakceptowaniu ich, a nie dzięki sile. Ludzie, którzy kochają, inspirują innych i cieszą się ich zaufaniem.

Cnotliwa szczodrość jest jak szata. Bez względu na to, jak dobrze leży, jeśli jesteśmy nadzy, inni będą nas poniżać. Bez względu na to, jak jesteśmy dobrotliwi, nie okażemy innym prawdziwej dobrotliwości, jeśli nie będzie w nas szczodrości. Na przykład, osoba, która wydaje się miła, a wypowiada niepotrzebne słowa, ma złe intencje i nie zasługuje na zaufanie innych, dlatego tak naprawdę nie wydaje się dobrze wychowana. Niektórzy ludzie nie okazują negatywnych uczuć, ponieważ są dobrotliwi, ani też nie szkodzą innym. Jednak jeśli nie pomagają innym ani nie dbają o nich, trudno jest zyskać im szacunek i serce innych ludzi.

Kwiaty, które nie mają pięknej barwy ani zapachu nie przyciągają pszczół, nawet jeśli mają wiele nektaru. Podobnie my, jeśli jesteśmy dobrotliwi i potrafimy nawet nadstawić drugi policzek, a w naszych czynach nie ma szczodrości, nasza dobrotliwość nie zajaśnieje. Prawdziwa dobrotliwość pokazuje swoją wartość, kiedy przybiera zewnętrzną szatę szczodrości.

Józef miał cnotliwą szczodrość. Był 11-tym z synów Jakuba, ojca Izraela. Jego bracia nienawidzili go i sprzedali go jako niewolnika do Egiptu, kiedy miał 30 lat. Egipt był silnym narodem, który mieszkał na Nilem. Był jedną z kolebek cywilizacji. Mieszkańcy byli dumni ze swojego kraju, dlatego obcokrajowcowi niełatwo było tam dostać sie do polityki. Jeśli znajdowano w nim winę, musiał rezygnować.

Nawet w takiej sytuacji Józefowi udało się zostać zarządcą Egiptu. Był dobry i pokorny, a w jego słowach i czynach nie było nic złego. Miał mądrość i godność. Miał tyle władzy, iż był drugim po królu, a jednak nie schlebiał sobie i nie starał się zdominować ludzi. Był wymagający w stosunku do siebie, natomiast innych traktował z delikatną życzliwością. Dlatego król i ministrowie nie zazdrościli mu, lecz mieli do niego zaufanie. Potwierdza to fakt, jak Egipcjanie przyjęli rodzinę Józefa, która przybyła do Egiptu, by uciec przez głodem.

Józef osiągnął swoją dobrotliwość dzięki cnotliwej szczodrości

Jeśli człowiek ma w sobie szczodrość, oznacza to, że ma wielkie serce, nie osądza ani nie potępia innych według własnych standardów, lecz postępuje sprawiedliwie. Było to cechą Józefa, co widoczne było, kiedy jego bracia, którzy sprzedali go w niewolę, przybyli do Egiptu, by zakupić jedzenie.

Początkowo, bracia nie rozpoznali Józefa. Było to zrozumiale, bo nie widzieli go ponad 20 lat. Co więcej, pewnie nie spodziewali się, że Józef mógł zostać premierem Egiptu. Co mógł czuć Józef, kiedy zobaczył swoich braci, którzy prawie go zabili, a później sprzedali do niewoli? Mógł sprawić, by zapłacili za swój grzech. Jednak nie chciał się mścić. Ukrył swoją tożsamość i zdecydował się ich przetestować, aby sprawdzić, czy ich serca zmieniły się.

Jozef dał im szansę, by żałowali za swoje grzechy przed bogiem, ponieważ ich grzech nie był mały. Pokierował sytuacją w taki sposób, by jego bracia mogli okazać skruchę. W końcu zauważyli swoją winę i żałowali, a wtedy Józef odkrył przed nimi swoją tożsamość.

Bracia zaczęli sie bać. Ich życie było w rękach brata, który był zarządcą Egiptu, najsilniejszego kraju na ziemi. Jednak Józef nie zamierzał pytać ich o motywację ich czynów z przeszłości. Nie groził im, ale pocieszał i chciał ich uspokoić: „Ale teraz nie smućcie się i nie wyrzucajcie sobie, żeście mnie sprzedali. Bo dla waszego ocalenia od śmierci Bóg wysłał mnie tu przed wami" (Ks. Rodzaju 45,5).

Uznał, iż wszystko, co się stało, było Bożym planem. Józef nie tylko przebaczył swoim braciom, ale pocieszał im i okazał zrozumienie. Józef zachował się tak, że poruszyłby nawet serce wroga – była to prawdziwa szczodrość. Dobrotliwość Józefa i cnotliwa szczodrość były źródłem mocy, dzięki której wiele osób mogło zostać ocalonych. W takim sposób możemy zjednać sobie ludzi i okazać wielką moc.

Uświęcenie konieczne, by posiąść cnotliwą dobrotliwość

Tak, jak wewnętrzna dobrotliwość może zostać osiągnięta przez uświęcenie, szczodrość można również pielęgnować poprzez odrzucenie zła i uświęcenie. Oczywiście, nawet jeśli ktoś nie jest uświęcony, może być w stanie okazywać szczodrość dzięki dobremu wychowaniu lub dobremu sercu. Jednak prawdziwa szczodrość może pochodzić tylko z serca, w którym nie ma zła. Jeśli w pełni chcemy pielęgnować szczodrość, należy wyzbyć się zła z naszego serca całkowicie (1 Tes. 5,22).

W Mat. 5,48 napisano: „Bądźcie więc wy doskonali, jak doskonały jest Ojciec wasz niebieski". Jeśli odrzucimy zło z serca i staniemy się nieskazitelni w słowach, czynach i zachowaniu, posiądziemy dobrotliwość, dzięki której ludzie będą mogli przy nas odpoczywać. Z tego powodu osiągniemy poziom uświęcenia, kiedy usuniemy z serca nienawiść, złość, zazdrość, arogancję i porywczość. Musimy wyzbyć się najdrobniejszych przewinień dzięki Słowu Bożemu i gorliwej modlitwie oraz otrzymać prowadzenie Ducha Świętego.

Czym są uczynki ciała? W Rzym. 8,13 czytamy: „Bo jeżeli będziecie żyli według ciała, czeka was śmierć. Jeżeli zaś przy pomocy Ducha uśmiercać będziecie popędy ciała – będziecie żyli".

Ciało nie odnosi się tutaj tylko do ciała fizycznego. Ciało duchowe odnosi się do ciała ludzkiego, w którym nie ma prawdy. Dlatego uczynki ciała odnoszą się do uczynków, które wypływają z fałszu. Uczynki ciała obejmują ewidentne grzechy oraz niedoskonałe czyny i działania.

W przeszłości doświadczyłem czegoś dziwnego. Kiedy dotykałem jakiejś rzeczy, czułem, jakby kopnął mnie prąd. Zacząłem bać się dotykania czegokolwiek. Kiedy musiałem czegoś dotknąć, wołałem do Pana w modlitwie. Nie miałem takiego wrażenia, kiedy dotykałem czegoś bardzo ostrożnie. Kiedy otwierałem drzwi, chwytałem za klamkę bardzo delikatnie. Musiałem być ostrożny nawet, gdy podawałem rękę komuś z kościoła. Trwało to przez kilka miesięcy, dlatego moje zachowanie było bardzo ostrożne i delikatne. Później uświadomiłem sobie, że to Bóg dzięki temu doświadczeniu udoskonalił moje zachowanie.

Ktoś może uznać to za coś banalnego, ale zachowanie jest

bardzo ważne. Niektórzy ludzie nawiązują szybko fizyczny kontakt z innymi nawet, gdy tylko rozmawiają lub się śmieją. Niektórzy mają głośny glos bez względu na czas i miejsce, co sprawia, że inni czują sie nieswojo. Takie zachowanie nie jest grzechem, ale jest niedoskonałym uczynkiem ciała. Ludzie, którzy mają cnotliwą szczodrość na co dzień zachowują się łagodnie tak, że inni odnajdują ukojenie w ich towarzystwie.

Zmiana serca

Musimy dbać o nasz charakter tak, by posiąść szczodrość. Charakter odnosi się do serca. To dzięki charakterowi, niektórzy ludzie czynią więcej niż się od nich oczekuje, podczas gdy inni robią tylko to, co muszą lub mniej. Człowiek, który posiada szczodrość ma wielki charakter, dlatego nie troszczy się tylko o siebie samego, ale również o innych ludzi.

W Fil. 2,4 czytamy: „Niech każdy ma na oku nie tylko swoje własne sprawy, ale też i drugich!" Charakter może się zmieniać i rozwijać dzięki naszym stałym wysiłkom. Jeśli niecierpliwie czekamy tylko na jakieś korzyści, powinniśmy modlić się, aby dbać o innych i ich sytuację życiową.

Zanim Józef został sprzedany do niewoli, dorastał we własnym domu. Nie mógł zajmować się wszystkimi sprawami w domu ani nie znał serc swoich braci. Jednak dzięki różnym doświadczeniom nauczył się obserwować i radzić sobie z tym, co działo się wokół niego. Nauczył się również brać pod uwagę innych ludzi.

Bóg pielęgnował serce Józefa, przygotowując go do tego, by mógł być zarządcą Egiptu. Jeśli osiągniemy taki charakter, Bóg również powierzy nam swoje dzieła. Jest to cnota, jaką każdy przywódca musi posiąść.

Błogosławieństwo dla dobrotliwych

Jakie błogosławieństwa otrzymają ludzie, którzy osiągną doskonałą dobrotliwość poprzez usunięcie wszelkiego zła i pielęgnowanie dobrotliwości? W Mat. 5,5 czytamy: „Błogosławieni cisi, albowiem oni na własność posiądą ziemię", a w Ps. 37,11: „Natomiast pokorni posiądą ziemię i będą się rozkoszować wielkim pokojem". Ziemia odnosi się tutaj do mieszkania w królestwie niebieskim, słowo „posiądą" oznacza to, że będą radować się wielką mocą w niebie w przyszłości.

Dlaczego mieliby cieszyć się wielką władzą w niebie? Osoba dobrotliwa pokrzepia dusze innych dzięki miłości Bożej. Im ktoś okazuje więcej dobrotliwości, tym więcej dusz poprowadzi do zbawienia. Jeśli pokrzepiamy innych ludzi, służymy im. Władza w niebie zostanie przekazana tym, którzy służą innym. W Mat.

23,11 czytamy: „Największy z was niech będzie waszym sługą".

Osoba dobrotliwa będzie w stanie radować się mocą i odziedziczy ziemię jako mieszkanie, kiedy trafi do nieba. Nawet na ziemi, ci, którzy mają moc, bogactwo, sławę i władzę, mają szacunek innych i ludzie podążają za nimi. Jednak jeśli tracą swoje majętności, tracą władzę i wielu ludzi opuszcza ich. Duchowa władza, którą otrzymają ludzie dobrotliwi jest inna niż władza tego świata. Nie znika ani nie zmienia się. Na ziemi, jeśli komuś się wiedzie, udaje mu się wiele osiągnąć. Również w niebie odczuje miłość Bożą i będzie szanowany przez innych.

3. Miłość nie zazdrości

Doskonali studenci organizują i zbierają swoje notatki dotyczące pytań, na które nie odpowiedzieli podczas testu. Sprawdzają, dlaczego nie udało im się dobrze odpowiedzieć i próbują lepiej zrozumieć dany przedmiot. Okazuje się, że jest to bardzo skuteczna metoda nauki przedmiotu, którego trudno nauczyć się w krótkim czasie. Taka sama zasada tyczy się pielęgnowania duchowej miłości. Jeśli przyjrzymy się naszym uczynkom i słowom, odrzucimy nasze wady, osiągniemy miłość duchową. Przyjrzyjmy się innej charakterystyce duchowej miłości: „miłość nie zazdrości".

Zazdrość pojawia się wtedy, gdy gorycz i nieszczęście wzrastają, a złe czyny popełniane są coraz częściej w stosunku do innej osoby. Jeśli odczuwamy zazdrość, pojawiają się w nas złe uczucia, kiedy ktoś jest lepiej traktowany i doceniany niż my. Jeśli ktoś jest mądrzejszy, bogatszy i bardziej kompetentny niż my, lub jeśli naszemu znajomemu z pracy zaczyna się lepiej powodzić i zyskuje szacunek innych ludzi, możemy odczuwać zazdrość. Czasami może pojawić się sie nienawiść, chęć pozbawienia tej osoby wszystkiego, co ma i poniżanie go.

Z drugiej strony możemy czuć się zniechęceni, myśląc:

"Wszyscy go szanują, a ja? Ja jestem nikim!". Innymi słowy, czujemy się zniechęceni, kiedy porównujemy się do innych ludzi. Może nam się wydawać, że nie jest to zazdrość. Jednak miłość raduje sie prawdą. Jeśli mamy prawdziwą miłość, cieszymy się, kiedy komuś innemu sie powodzi. Jeśli czujemy się zniechęceni, nie radujemy się prawdą, oznacza to, że nasz egoizm nadal jest aktywny. Nasze „ja" i nasza duma są urażone, kiedy czujemy się gorsi od innych.

Kiedy zazdrość rośnie, nasze czyny i słowa stają sie złe. O takiej zazdrości mówi 13 rozdział Listu do Koryntian. Jeśli zazdrość staje się dla nas czymś nierozłącznym, ludzie zaczynają szkodzić innym, a może nawet dojść do zabójstwa. Zazdrość okazuje złe i brudne serce, dlatego osobom zazdrosnym trudno osiągnąć zbawienie (Gal. 5,19-21). Zazdrość jest cielesna i jest grzechem popełnianym na zewnątrz. Można ją podzielić na kilka rodzajów.

Zazdrość w związkach

Zazdrość pojawia się, gdy osoba w związku pragnie otrzymywać miłość od kogoś innego niż osoba, z którą jest w związku. Na przykład, dwie żony Jakuba, Lea i Rachela, były o siebie zazdrosne. Były siostrami, córkami Labana, wujka Jakuba.

Jakub poślubił Leę w wyniku oszustwa wuja Labana. Jakub kochał Rachelę i zapracował na nią po 14 latach pracy u wuja. Od początku kochał ją bardziej niż Leę, ale Lea urodziła mu synów, a Rachela nie mogła dać mu potomstwa.

Dla kobiety w tamtych czasach nieposiadanie dzieci było wstydem, dlatego Rachela zazdrościła swojej siostrze. Była tak zazdrosna, że uprzykrzała nawet życie Jakuba: „Spraw, abym miała dzieci; bo inaczej przyjdzie mi umrzeć!" (Ks. Rodz. 30,1)

Zarówno Rachela i Lea oddały jakubowi swoje służebnice jako konkubiny, ale zdobyć jego miłość. Gdyby miały choć odrobinę prawdziwej miłości w sercu, radowałyby się szczęściem siebie nawzajem. Zazdrość sprawiała, że byli nieszczęśliwi, co miało też wpływ na ich dzieci.

Zazdrość, gdy ktoś ma więcej szczęścia niż my

Aspekt zazdrości jest inny w zależności od wartości czyjegoś życia. Jednak zazwyczaj, kiedy ktoś inny jest bogatszy, mądrzejszy i bardziej kompetentny lub szanowany, wtedy pojawia się zazdrość. Niełatwo uniknąć zazdrości w szkole, w pracy, a nawet w domu, kiedy czujemy, że ktoś jest lepszy od nas. Często pojawia się wtedy nienawiść i chęć poniżenia drugiego człowieka. Ludziom wydaje się, że muszą poniżać innych, by im się powodziło.

Na przykład, niektórzy ludzie odsłaniają wady innych w miejscu pracy, ponieważ chcą zyskać przychylność szefa lub dostać awans. Dotyka to nawet uczniów. Często, kiedy ktoś dobrze sie uczy, inni dokuczają mu i straszą go. W domu, dzieci kłócą się z rodzeństwem, aby zyskać uwagę rodziców. Inni czynią tak, ponieważ chcą odziedziczyć więcej.

Tak było w przypadku Kaina, pierwszego mordercy w historii ludzkości. Bóg przyjął ofiarę Abla, a Kain poczuł się zazdrosny, dlatego zabił swojego brata. Musiał wielokrotnie słyszeć o ofierze ze zwierząt od swoich rodziców. „I prawie wszystko oczyszcza się krwią według Prawa, a bez rozlania krwi nie ma odpuszczenia grzechów" (Hebr. 9,22).

Niemniej jednak zdecydował się złożyć ofiarę z plonów ziemi, które zebrał. Natomiast Abel złożył ofiarę z pierworodnego jagnięcia, ponieważ chciał postąpić zgodnie z wolą Bożą. Niektórzy mówią, że Ablowi nie było łatwo złożyć ofiarę z baranka, ponieważ był pasterzem, ale to nieprawda. Dzięki rodzicom poznał wolę Bożą i chciał być posłuszny. Z tego powodu Bóg przyjął jego ofiarę. Kain był zazdrosny i nie żałował tego, co zrobił. Kiedy zazdrość pojawiła się, nie mógł już jej zagłuszyć i w końcu zabił swojego brata. Jakże Adam i Ewa musieli cierpieć z tego powodu.

Zazdrość braci w wierze

Niektórzy ludzie wierzący zazdroszczą swoim braciom lub siostrom, którzy wyprzedzają ich stanowiskiem, wiarą lub wiernością Bogu. Dzieje się tak szczególnie w stosunku do ludzi w podobnym wieku, stanowisku, czasu, w którym dana osoba jest w kościele lub w zależności od tego, jak dobrze znają się z daną osobą.

W Mat. 19,30 czytamy: „Wielu zaś pierwszych będzie ostatnimi, a ostatnich pierwszymi". Czasami ludzie, którzy byli słabsi w wierze, mogą nas wyprzedzić. Wtedy pojawia się zazdrość. Taka zazdrość pojawia się nie tylko w przypadku członków kościoła. Może dotyczyć pastorów lub członków różnych chrześcijańskich organizacji. Kiedy człowiek oddaje chwałę Bogu, wszyscy powinni radować się wspólnie, ale niektórzy wolą poniżać i krytykować innych, uważając ich za heretyków, którzy pragną rozbić daną organizację. Jak czują sie rodzice, kiedy dzieci ciągle się kłócą i okazują nienawiść? Nawet jeśli dzieci zachowują się dobrze w stosunku do rodziców, rodzice nie będą zadowoleni. Jeśli ludzie wierzący nie potrafią sie porozumieć i zazdroszczą sobie nawzajem, Bóg smuci się.

Zazdrość Saula w stosunku do Dawida

Saul był pierwszym królem Izraela. Zmarnował swoje życie, zazdroszcząc Dawidowi. Dla Saula Dawid był jak rycerz w lśniącej zbroi, który uratował kraj. Kiedy morale żołnierzy spadało z powodu Goliata, Dawid zdecydował się zabić wojownika filistyńskiego procą. Jego czyn przyniósł zwycięstwo Izraelowi. Od tamtej pory Dawid pełnił różne obowiązki, chroniąc swój kraj przed Filistynami. Problem między Saulem i Dawidem pojawił się właśnie wtedy. Saul usłyszał coś, co bardzo go wzburzyło. Ludzie witali Dawida, który jako zwycięzca wracał z pola bitwy: „I zaśpiewały kobiety wśród grania i tańców: Pobił Saul tysiące, a Dawid dziesiątki tysięcy" (1 Sam. 18,7).

Saul poczuł sie zagrożony i pomyślał: „Jak mogą porównywać mnie do Dawida? On jest tylko pasterzem!"

Jego gniew wzrastał, kiedy się nad tym zastanawiał. Nie chciał, by ludzie uwielbiali Dawida i jego działanie stało się według niego podejrzliwe. Saul myślał, iż Dawid zachowywał się w taki sposób, by zjednać sobie ludzi. Strzała gniewu Saula była wymierzona w Dawida. Myślał sobie: „Skoro Dawid już zyskał szacunek ludzi, bunt jest tylko kwestią czasu".

Kiedy takie złe myśli wzmagały się, Saul szukał sposobności, by zabić Dawida. Saul cierpiał, a Dawid grał dla niego na harfie. Saul chciał wykorzystać możliwość i wymierzył w niego włócznię. Na szczęście Dawidowi udało się uciec. Jednak Saul sie nie poddał i nadal próbował zabić Dawida, ciągle ścigając go wraz ze swoim wojskiem.

Pomimo tego, Dawid nie chciał zrobić krzywdy Saulowi, ponieważ był on królem wyznaczonym przez Boga i Saul o tym wiedział. Jednak ogień zazdrości Saula był silny, iż nic nie mogło go ugasić. Saul cierpiał, bo nie miał pokoju i męczyła go zazdrość. Aż do śmierci, kiedy został zabity przez Filistynów, Saul nie miał pokoju z powodu zazdrości, którą odczuwał w stosunku do Dawida.

Osoby, które zazdrościły Mojżeszowi

W Księdze Liczb czytamy o Korahu, Datanie i Abiramie. Korah był Lewitą, natomiast Datan i Abiram pochodzili z plemienia Rubena. Chowali urazę w stosunku do Mojżesza i jego brata Aarona. Nie podobało im się to, że Mojżesz był kiedyś księciem Egiptu, a teraz przewodził im ktoś, kto był tylko pasterzem z ziemi midiańskiej. To oni chcieli być przywódcami, dlatego buntowali innych i chcieli stworzyć swoją własną grupę.

Korah, Datan i Abiram zgromadzili 250 osób, by podążały za nimi i myśleli, że zyskali władzę. Poszli do Mojżesza i Aarona i spierali się z nimi. „Połączyli się razem przeciw Mojżeszowi i Aaronowi i rzekli do nich: Dość tego, gdyż cała społeczność, wszyscy są świętymi i pośród nich jest Pan; dlaczego więc wynosicie się ponad zgromadzenie Pana?" (Ks. Liczb 16,3)

Mimo, że oni nie zachowywali się we właściwy sposób,

Mojżesz nie odpowiedział na ich ataki. Uklęknął i modlił się do Boga, aby poznali swoją winę. Bóg rozgniewał się na Koraha i jego towarzyszy. Ziemia otwarła się i zostali oni pochłonięci przez nią wraz ze swoimi rodzinami. Wpadli prosto do Szeolu. Ponadto ogień od Pana pochłonął tych, co z nimi byli.

Mojżesz nie szkodził innym ludziom (Ks. Liczb 16,15). Robił, co mógł by dobrze prowadzić lud. Pokazywał, iż Bóg był z nimi przez znaki i cuda, przez plagi egipskie, przejście przez Morze Czerwone; dał im wodę ze skały i mannę do jedzenia oraz przepiórki. A mimo to lud sprzeciwiał się Mojżeszowi, uważając iż wywyższa samego siebie.

Bóg pokazał ludziom, jak wielki grzechem była zazdrość przeciwko Mojżeszowi. Osądzanie i potępianie ludzi,, którzy zostali wybrani przez Boga jest tym samym, co potępienie i osądzenia samego boga. Dlatego, nie możemy krytykować bezmyślnie kościoła i organizacji, które funkcjonują w imieniu Boga. Ponieważ wszyscy jesteśmy braćmi i siostrami w bogu, zazdrość jest wielkim grzechem w oczach Bożych.

Zazdrość rzeczy bez znaczenia

Czy jesteśmy w stanie zyskać to, co chcemy dzięki zazdrości? Nie ma mowy! Być może utrudnimy innym życie i będziemy udowadniać, że jesteśmy lepsi, ale nic nam to nie pomoże. W Jak. 4,2 czytamy: „Pożądacie, a nie macie, żywicie morderczą zazdrość, a nie możecie osiągnąć. Prowadzicie walki i kłótnie, a nic nie posiadacie, gdyż się nie modlicie".

Natomiast w Ks. Hioba 4,8 napisano: „O ile wiadomo, złoczyńca, który sieje nieprawość, zbiera z niej plon". Zło, które czynimy wróci do nas jak bumerang. Karą za zło, które siejemy mogą być katastrofy i cierpienia w rodzinie lub w pracy. W Ks. Przysł. 14,30 czytamy: „Życiem dla ciała jest serce spokojne, próchnieniem kości jest namiętność". Natomiast zazdrość przynosi szkody i nie nadaje życiu żadnego sensu. Dlatego, jeśli zależy nam na tym, aby być lepszymi od innych, musimy prosić Boga, by pomógł nam kontrolować nasze serca, a nie marnować energii na myślach i czynach zazdrości.

Oczywiście, nie jesteśmy w stanie osiągnąć wszystkiego, o co prosimy. W Jak. 4,3 czytamy: „Modlicie się, a nie otrzymujecie, bo się źle modlicie, starając się jedynie o zaspokojenie swych żądz". Jeśli prosimy o coś dla własnej przyjemności, nie otrzymamy tego, jeśli nie jest to wolą Bożą. Ludzie proszą o różne rzeczy, postępując zgodnie ze swoimi pragnieniami. Proszą o bogactwo, sławę i władzę dla własnego samopoczucia i dumy. Jest to dla mnie jako pastora bardzo przykre. Prawdziwym błogosławieństwem nie jest bogactwo, sława i władza, ale właściwe serce.

Bez względu na to, jak wiele mamy, na co nam się to przyda, jeśli nie otrzymamy zbawienia? Musimy pamiętać, że wszystko na tej ziemi zniknie jak mgła. W 1 Jana 2,17 czytamy: „Świat zaś przemija, a z nim jego pożądliwość; kto zaś wypełnia wolę Bożą, ten trwa na wieki", a w Ks. Koh. 12,8 napisano: „Marność nad marnościami – powiada Kohelet – wszystko marność".

Mam nadzieję, że nie zazdrościcie braciom i siostrom, skupiając się na rzeczach bez znaczenia, lecz kierujecie wasze serca do Boga. Bóg odpowie na wasze modlitwy i spełni prośby oraz da wam wieczne królestwo w niebie.

Zazdrość i duchowa pożądliwość

Ludzie wierzą w Boga, a jednak okazują zazdrość, ponieważ mają mało wiary i miłości. Jeśli brakuje ci miłości do Boga i masz mało wiary w królestwo niebieskie, może pojawić się u ciebie zazdrość bogactwa, sławy i władzy. Jeśli jesteś pewny tego, iż jesteś dzieckiem Boga i masz obywatelstwo w królestwie niebieskim, bracia i siostry w Chrystusie będą dla ciebie cenniejsi niż rodzina ziemska, ponieważ będziesz wierzył, że to z nimi spędzisz wieczność w niebie.

Nawet ludzie niewierzący, którzy nie przyjmują Jezusa są cenni i powinniśmy prowadzić ich do Bożego królestwa. Dzięki wierze pielęgnujemy prawdziwą miłość, dzięki której będziemy kochać bliźnich jak samych siebie. Kiedy innym będzie się powodziło, będziemy szczęśliwi. Ludzie, którzy mają prawdziwą wiarę, nie szukają tylko tego, co światowe, ale działają dla Boga, aby osiągnąć królestwo niebieskie. Ich pragnienia są pragnieniami duchowymi.

A od czasu Jana Chrzciciela aż dotąd królestwo niebieskie doznaje gwałtu i ludzie gwałtowni zdobywają je (Mat. 11,12).

Duchowe pragnienia z pewnością różnią się od zazdrości. Powinniśmy pragnąć być entuzjastyczni i wierni, działając dla Boga. Jednak jeśli ta pasja przekroczy granicę i oddali się od prawdy, powoduje upadku, które są nie do przyjęcia. Gorliwość w pracy dla Pana zwraca uwagę na potrzeby ludzi wokół nas, pragnie pomagać i osiągnąć pokój z wszystkimi.

4. Miłość nie unosi się

Są ludzie, którzy lubią się przechwalać. Nie dbają o innych ani o ich uczucia. Pragną uwielbiania od innych ludzi. Józef chwalił sie przed swoimi braćmi i opowiadał o swoich snach, kiedy był młodym chłopcem. Takie zachowanie sprawiło, że jego bracia zaczęli go nienawidzić. Ponieważ jego ojciec bardzo go kochał, Józef nie rozumiał zachowania swoich braci. Później, został sprzedany jako niewolnik do Egiptu i przeszedł wiele doświadczeń, dzięki którym pielęgnował miłość duchową. Ludzie, którzy naprawdę kochają wnoszą pokój i nie przechwalają się, dlatego Bóg mówi, iż miłość nie unosi się.

Przechwalanie się oznacza wywyższanie i popisywanie się. Ludzie chcą uznania, że robią coś lepiej od innych. Jaki jest tego skutek?

Na przykład, niektórzy rodzice są dumni i przechwalają się swoimi dziećmi i ich wynikami w nauce. Inni ludzie być może cieszą się z nimi, ale większość z nich czuje, że ich duma została urażona. To może wywołać problemy w życiu dziecka. Bez względu na to, jak dobrze idzie dzieciom w szkole, jeśli masz w swoim sercu miłość, nie będziesz się przechwalał. Będziesz życzył dzieciom swoich bliźnich, aby również powodziło im się w szkole i będziesz chwalił ich.

Ludzie pyszni nie zauważają często, że inni robią coś dobrze, a raczej poniżają ich, aby nie odebrać sobie ani odrobiny uznania.

Takie przechwalanie powoduje kłopoty. Takie zachowanie jest dalekie od prawdziwej miłości. Może się wam wydawać, że jeśli będziecie się chwalić, ludzie będą was szanować, ale takie osoby nie są lubiane i trudno je kochać. Ludzie zazdroszczą i nie akceptują: „Teraz zaś chełpicie się w swej wyniosłości. Każda taka chełpliwość jest przewrotna" (Jak. 4,16).

Pycha życia wynika z miłości do tego świata

Dlaczego ludzie chwalą się? Ponieważ mają w sobie pychę życia. Pycha życia odnosi się do natury schlebiania samemu sobie zgodnie z przyjemnościami tego świata i wynika z miłości do tego świata. Ludzie zazwyczaj przechwalają się rzeczami, które uważają za ważne. Ludzie, którzy kochają pieniądze, przechwalają się pieniędzmi, a ludzie, dla których ważnych jest wygląd zewnętrzny, przechwalają się wyglądem. Po prostu stawiają pieniądze, wygląd, sławę i wpływy wyżej niż Boga.

Jeden z członków naszego kościoła rozkręcił dobry interes, sprzedając komputery firmom w Korei. Chciał poszerzyć zakres swojej działalności. Miał pożyczki i inwestował w kawiarenki internetowe oraz Internet. Założył firmę, której kapitał wynosił prawie 2 miliony dolarów amerykańskich.

Jednak w końcu okazało się, że popyt spadł i firma zbankrutowała. Jego dom został wystawiony na aukcji, a wierzyciele ścigali go. Musiał mieszkać w niewielkim domu, ale zaczął skupiać sie na sobie. Uświadomił sobie, że pragnienie sukcesu i pieniędzy zniszczyło go i ludzi wokół niego.

Kiedy skruszył się przed Bogiem z całego serca i odrzucił chciwość, był szczęśliwy i znalazł pracę. Bóg pokazał mu później sposób, jak ponownie rozwinąć biznes. Teraz kroczy właściwą drogą, a jego biznes kwitnie.

W 1 Jana 2,15-16 czytamy: „Nie miłujcie świata ani tego, co jest na świecie! Jeśli kto miłuje świat, nie ma w nim miłości Ojca. Wszystko bowiem, co jest na świecie, a więc: pożądliwość ciała, pożądliwość oczu i pycha tego życia nie pochodzi od Ojca, lecz od świata".

Hezekiasz, trzynasty król Judy, był sprawiedliwym w oczach Boga i oczyścił świątynię. Pokonał Asyryjczyków dzięki modlitwie, a kiedy zachorował, modlił się gorliwie i Bóg przedłużył mu życie o 15 lat. A jednak mimo to miał w sobie dumę. Kiedy Hezekiasz wyzdrowiał, Babilon wysłał do niego swoich dyplomatów.

Hezekiasz był szczęśliwy i pokazał im swoje skarby, złoto i srebro, przyprawy i cenne olejki oraz zbrojenia, jakie miał w swoim skarbcu. Ze względu na przechwalanie Hezekiasza, Babilon najechał na Judę i zabrał wszystkie skarby (Iz. 39,1-6). Przechwalanie się wynika z miłości do tego świata i oznacza, że człowiek nie kocha Boga wystarczająco. Dlatego pielęgnowanie prawdziwej miłości polega między innymi na odrzuceniu pychy z serca.

Chlubić się w Panu

Można jednak chlubić się we właściwy sposób. Można chlubić się w Panu, jak pisze 2 Kor. 10,17: „Ten, kto się chlubi, w Panu niech się chlubi". Chlubienie się w Panu to oddawanie Mu chwały i składanie świadectwa.

W Gal. 6,14 Paweł napisał: „Co do mnie, nie daj Boże, bym się miał chlubić z czego innego, jak tylko z krzyża Pana naszego Jezusa Chrystusa, dzięki któremu świat stał się ukrzyżowany dla mnie, a ja dla świata".

Jak powiedział, chlubienie się Jezusem, który nas zbawił, to oddawanie chwały królestwu niebieskiemu. Z powodu naszych grzechów byliśmy skazani na wieczną śmierć, ale dzięki Jezusowi, który zapłacił za nas karę, zyskujemy życie wieczne. Powinniśmy okazać Mu wdzięczność!

W 2 Kor. 12,9 Paweł pisze: „Pan mi powiedział: Wystarczy ci mojej łaski. Moc bowiem w słabości się doskonali. Najchętniej więc będę się chlubił z moich słabości, aby zamieszkała we mnie moc Chrystusa".

Paweł czynił znaki i cuda, a ludzie przynosili do niego chustki, aby dotknął je, by mogli dostąpić uzdrowienia. Wyruszył w trzy podróże misyjne i przyprowadził wielu ludzi do Boga, zakładając kościoły w różnych miastach. Jednak zawsze podkreślał, że to nie on wykonywał tę pracę, lecz chwalił Boga i Jego moc, która pozwoliła mu to wszystko czynić.

W dzisiejszych czasach wielu ludzi składa świadectwa, że

spotkali i doświadczyli żywego Boga w swoim życiu. Głoszą miłość Bożą i mówią o tym, że zostali uzdrowieni z chorób, otrzymali błogosławieństwo finansowe i pokój w rodzinie, gdy gorliwie szukali Boga i postępowali w miłością. W Ks. Przysł. 8,17 napisano: „Tych kocham, którzy mnie kochają, znajdzie mnie ten, kto mnie szuka". Radują się, iż doświadczyli wielkiej miłości Bożej i zyskali wiarę, co oznacza, że otrzymali duchowe błogosławieństwa. Chlubienie się w Panu to oddawaniu Mu czci, które pomaga ludziom uwierzyć. Jeśli tak postępujemy, zbieramy nagrody w niebie, a pragnienia naszego serca spełnią się.

Jednak musimy być ostrożni. Niektórzy ludzie mówią, iż oddają cześć Bogu, jednak tak naprawdę chcą innym pokazać jacy są i czego dokonali. Pośrednio przechwalają się, że otrzymali błogosławieństwa dzięki swoim własnym wysiłkom. Wydaje się, że oddają chwałę Bogu, ale tak naprawdę zbierają poklask dla samych siebie. Szatan będzie oskarżał takich ludzi. Prawdziwa motywacja zostanie odsłonięta. Będą stawiać czoła próbom i doświadczeniom, a jeśli nie otrzymają uznania od ludzi, odejdą od Boga.

Rzym. 15,2 mówi: „Niech każdy z nas stara się o to, co dla bliźniego dogodne – dla jego dobra, dla zbudowania". Powinniśmy postępować tak, by inni uwierzyli. Tak jak woda zostaje oczyszczona, kiedy przepływa przez filtr, tak my powinniśmy filtrować nasze słowa i myśleć o tym, by kogoś nie zranić.

Odrzucenie pychy życia

Nawet jeśli człowiek ma się czym chwalić, nie będzie przecież żył na wieki. Kiedy skończy się jego życie na ziemi, każdy z nas trafi do piekła lub nieba. W niebie drogi są ze złota, a jego bogactwo nie może równać się z niczym na tej ziemi. Dlatego przechwalanie się tym, co ziemskie jest bezsensowne. Jeśli ktoś ma bogactwo, sławę, wiedzę i władzę, czy może chlubić się nimi, gdy trafi do piekła?

Jezus powiedział: „Cóż bowiem za korzyść odniesie człowiek, choćby cały świat zyskał, a na swej duszy szkodę poniósł? Albo co da człowiek w zamian za swoją duszę? Albowiem Syn Człowieczy przyjdzie w chwale Ojca swego razem z aniołami swoimi, i wtedy odda każdemu według jego postępowania" (Mat. 16,26-27).

Pycha tego świata nie da nam życia wiecznego ani zadowolenia. Jednak wywołuje bezsensowne pragnienia i prowadzi nas do destrukcji. Kiedy uświadamiamy to sobie i wypełniamy nasze serce nadzieją na niebo, otrzymamy siłę, by odrzucić pychę życia. To tak jak dziecko, które nie interesuje się już swoją starą zabawką, kiedy otrzymuje nową. Kiedy dowiadujemy się o pięknie Bożego królestwa, rzeczy tego świata tracą dla nas na wartości.

Kiedy odrzucimy pychę życia, będziemy chlubić sie

Chrystusem. Uznamy, że nic na tym świecie nie jest warte przechwalania się, lecz będziemy dumni z chwały, jaką będziemy cieszyć się w królestwie niebieskim. Będziemy pełni radości, jakiej dotąd nie znaliśmy. Nawet jeśli trudności pojawią się na naszej drodze życia, nie będą tak ciężkie do zniesienia. Będziemy wdzięczni za miłość Boga, który oddal swojego jedynego Syna Jezusa, by nas zbawić. Dzięki temu radość nie opuści nas bez względu na okoliczności. Jeśli nie pragniemy pychy życia, nie będziemy tak dumni z siebie, gdy ktoś będzie nas chwalił, ani nie poczujemy się zniechęceni, gdy ktoś nas skrytykuje. Ze skromnością przyjmiemy pochwały, a podziękujemy za słowa krytyki i spróbujemy się zmienić.

5. Miłość nie wywyższa się

Ludzie, którzy lubią się przechwalać, myślą, że są lepsi od innych i stają się aroganccy. Jeśli im się powodzi, myślą, że jest tak dlatego, że dobrze wykonali zadanie, a wtedy często popadają w lenistwo. Biblia mówi Bóg nienawidzi arogancji. Arogancja jest głównym powodem, dla którego ludzie zaczęli budować Wieżę Babel; by konkurować z Bogiem, a Bóg ukarał ich i pomieszał im języki.

Cechy ludzi aroganckich

Osoba arogancka uważa innych za gorszych od siebie i poniża ich. Taka osoba czuje się lepsza pod wieloma względami. Uważa samego siebie za najlepszego. Nienawidzi, poniża i próbuje pouczać innych we wszystkim. Łatwo zauważyć arogancję szczególnie, kiedy osoba arogancka jest w obecności osoby, którą uważa za gorszą. Czasami taka osoba postępuje arogancko w stosunku do ludzi, którzy go uczyli lub wprowadzili w biznes lub hierarchię społeczną. Nie słucha rad, których udzielają mu starsi. Narzeka, ponieważ uważa, iż starsi nie mają pojęcia o czym mówią lub, że lepiej coś zrobi, bo wszystko najlepiej wie.

Taka osoba powoduje wiele kłótni. W Ks. Przysł. 13,10

czytamy: „Skutkiem pychy stale są kłótnie, u szukających rady jest mądrość".

Natomiast 2 Tym. 2,23 mówi nas: „Unikaj natomiast głupich i niedouczonych dociekań, wiedząc, że rodzą one kłótnie". Dlatego właśnie tylko głupiec myśli, że jako jedyny ma rację.

Sumienie i wiedza każdego człowieka są inne. Każdy człowiek różni sie pod względem tego, co widział, słyszał, doświadczył i dowiedział się. Duża część naszej wiedzy nie jest zgodna z prawdą, a część z niej nie była właściwie przechowywana. Jeśli niewłaściwa wiedza jest pielęgnowana zbyt długo, kształtują się pewne sposoby myślenia i obłuda. Obłuda skupia sie na własnej opinii i utwierdza własne sposoby myślenia. Niektórzy ludzie kształtują swoją osobowość w oparciu o wiedzę, jaką mają.

Tworzy to jakby szkielet ludzkiego ciała, dlatego trudno go przezwyciężyć. Większość myśli ludzkich wynika z obłudy i przyjętych sposobów myślenia. Osoba, która czuje sie gorsza z wrażliwością reaguje na to, gdy ktoś wytyka ją palcem. Kiedy bogacz poprawia swoje ubrania, inni myślą, że się przechwala. Jeśli ktoś używa trudnego słownictwa, ludzie myślą, że przechwala się wiedzą i patrzą na niego z góry.

Od mojego nauczyciela w szkole podstawowej nauczyłem się, że Statua Wolności znajduje się w San Francisco. Pamiętam, jak pokazał nam mapę USA. W latach 90-tych pojechałem do Stanów i prowadziłem tam misję. Dopiero wtedy dowiedziałem się, że Statua Wolności znajduje się w Nowym Jorku.

Myślałem, że statua powinna znajdować się w San Francisco i nie rozumiałem, dlaczego była w Nowym Jorku. Pytałem ludzi i dowiedziałem się, że tak właśnie powinna być. Uświadomiłem sobie, że to czego nauczyłem się w dzieciństwie i uważałem za prawdę, wcale nią nie było. Wtedy uświadomiłem sobie, że mogę mylić się w innych kwestiach. Wielu ludzie wierzy i nalega na swoje racje, choć nie są one zgodne z prawdą.

Nawet kiedy nie mają racji, ludzi aroganccy nie przyznają się, lecz upierają sie przy swoim, co często prowadzi do kłótni. Ludzie skromni nie kłócą się, nawet kiedy druga strona nie ma racji. Nawet jeśli są pewni na 100%, że mają rację, uważają, że mogą się mylić i nie chcą nikogo pokonać w kłótni.

Skromne serce ma duchową miłość, która uważa innych za lepszych od siebie. Nawet jeśli inni mają mniej szczęścia i są mniej wykształceni lub mają mniejszą władzę społeczną, skromne osoby uznają innych za lepszych od siebie w swoim sercu. Wszystkie dusza uznają za cenne i godne zbawienia, które Jezus dał nam przez swoją krew.

Arogancja duchowa i cielesna

Jeśli ktoś postępuje zgodnie z fałszem i schlebia sobie, poniża innych i wywyższa siebie, jego arogancję można łatwo zauważyć. Kiedy przyjmujemy Jezusa i poznajemy prawdę, cielesna arogancja zostaje odrzucona. Natomiast, wcale nie łatwo jest pozbyć się arogancji duchowej. Czym ona jest?

Kiedy chodzimy do kościoła przez dłuższy czas, Boża wiedza oparta na Słowie Bożym trafia do naszego umysłu. Być może otrzymasz stanowisko w kościele lub zostaniesz wybrany na przywódcę. Może ci się wydawać, że pielęgnujesz wiedzę Słowa Bożego w twoim sercu i myślisz, że wiele osiągnąłeś i pewnie masz rację. Być może napominasz, potępiasz i krytykujesz innych ludzi na podstawie Słowa Bożego, myśląc, że właściwie potrafisz odróżnić dobro od zła. Niektórzy przywódcy kościoła postępują tak, by mieć korzyści i łamią zasady, które powinni przestrzegać. Naruszają porządek kościoła swoimi czynami, myśląc, że tak jest w porządku, ponieważ mają wysokie stanowisko i mogą stanowić wyjątek. To jest duchowa arogancja.

Jeśli wyznajemy naszą miłość do Boga, ignorując prawo i porządek Boży z wyniosłymi sercami, nasze wyznanie nie jest prawdziwe. Jeśli potępiamy i osądzamy innych, nie ma w nas prawdziwej miłości. Prawda naucza nas, byśmy patrzyli, słuchali i mówili o dobrych rzeczach w innych ludziach.

Bracia, nie oczerniajcie jeden drugiego. Kto oczernia brata swego lub sądzi go, uwłacza Prawu i osądza Prawo. Skoro zaś sądzisz Prawo, jesteś nie wykonawcą Prawa, lecz sędzią (Jak. 4,11).

Jak się czujecie, kiedy odkrywacie słabości innych ludzi? Jack Kornfield w swojej książce „Sztuka Przebaczania, miłowania i pokoju" („The Art of Forgiveness, Loving kindness, and Peace") napisał o tym, jak można radzić sobie z niewłaściwym postępowaniem innych.

„W plemieniu Babemba w Południowej Afryce, kiedy jakaś osoba zachowa się nieodpowiedzialnie lub niesprawiedliwie, stawiana jest w samym centrum wioski. Stoi sama i nie jest skrępowana. Wszystkie prace ustają i wszyscy ludzi gromadzą się w kole wokół oskarżonego. Każda osoba z plemienia rozmawia z oskarżonym i przypomina mu dobre rzeczy, jakie zrobił/a w swoim życiu. Każda sytuacja i doświadczenie przypominane są ze szczegółami. Wszystkie pozytywne cechy, dobre uczynki, zalety i dobrotliwość są przypominane. Ta ceremonia często trwa przez kilka dni. W końcu koło się rozchodzi i ma miejsce radosne świętowanie, a osoba oskarżona jest ponownie oficjalnie przyjęta z powrotem do plemienia."

W tym procesie osoby, który uczyniły coś złego, mają możliwość się opamiętać i odbudować swoją reputację wśród ludzi. Dzięki tak wyjątkowemu procesowi, przestępstwa bardzo rzadko mają miejsce w tym plemieniu.

Kiedy widzimy wady innych ludzi, myślimy o tym, by ich osądzić i potępić, lecz najpierw powinniśmy okazać łaskę i dobroć serca. W ten sposób możemy sprawdzić naszą miłość i ludzkie odczucia. Kontrolując samych siebie, nie powinniśmy być zadowoleni z tego, co już osiągnęliśmy, tylko dlatego że jesteśmy osobami wierzącymi już od długiego czasu.

Zanim człowiek osiągnie całkowite uświęcenie, każdy z nas ma naturę, która pozwala rosnąć arogancji. Dlatego, ważne jest, aby wyciągnąć korzenie arogancji. Może się w każdej chwili ponownie pojawić, jeśli nie będziemy wołać do boga w gorliwych modlitwach. Jeśli zetniemy chwasty, będą one nadal rosnąć dopóki całkowicie nie wyrzucimy ich korzeni. Ponieważ grzeszna natura nie została w pełni usunięta, arogancja pojawia się nawet wtedy, gdy ktoś długo żyje w wierze. Dlatego, powinniśmy być pokornymi przed Panem, brać innych pod uwagę i uważać ich za lepszych od siebie, ciągle pielęgnują miłość duchową.

Ludzie aroganccy wierzą sami w siebie

Nebuchadnezar zapoczątkował złoty wiek Babilonu. Wtedy właśnie powstał jeden z Cudów Świata – Wiszące Ogrody. Był dumny ze swojego królestwa i prac, które zostały wykonane. Rozkazał zbudować sobie pomnik i kazał ludziom oddawać mu cześć. W Dan. 4,27 czytamy: „Król odezwał się i powiedział: Czy nie jest to wielki Babilon, który ja zbudowałem jako siedzibę królewską siłą mojej potęgi i chwałą mojego majestatu?"

Bóg w końcu pozwolił mu zrozumieć, kto był władcą tego świata (Dan. 4,31-32). Został wygnany z pałacu, jadł trawę jak krowy i żył jak dzikie zwierzę przez siedem lat. Jakie znaczenie miał wtedy jego tron? Niczego nie zdobędziemy, jeśli Bóg na to nie pozwoli. Nabuchadnezar wrócił do normalnego stanu umysłu po siedmiu latach. Uświadomił sobie swoją arogancję i przyjął Boga Daniela. W Dan. 4,34 czytamy: „Ja, Nabuchodonozor, wychwalam teraz, wywyższam i wysławiam Króla Nieba. Bo wszystkie Jego dzieła są prawdą, a drogi Jego sprawiedliwością, tych zaś, co postępują pysznie, może On poniżyć".

Nie chodzi tutaj tylko o Nabuchadnezara. Niektórzy ludzie niewierzący twierdzą, że wierzą w siebie. Jednak niełatwo jest pokonać ten świat. Jest wiele problemów, których ludzie nie są w stanie rozwiązać. Nawet nauka i technologia są bezużyteczne w obliczu katastrof naturalnych, tajfunów i trzęsień ziemi. Ile chorób jest w stanie wyleczyć medycyna? Ludzie wolą jednak polegać na sobie zamiast na Bogu, kiedy stawiają czoła problemem. Polegają na własnych myślach, doświadczeniach i wiedzy. Jednak kiedy im się nie udaje, narzekają na Boga, mimo że w Niego nie wierzą. Arogancja panoszy się w sercach. Z powodu arogancji, nie wyznają swoich słabości i nie są w stanie w pokorze przyjść do Boga.

Co przykre, niektórzy ludzie wierzący polegają na tym świecie raczej niż na Bogu. Bóg pragnie, aby Jego dzieci dobrze się miały i żyły dzięki Jego mocy. Jednak jeśli nie chcemy okazać pokory, Bóg nie może nam pomóc. Nie może nas chronić przez szatanem ani problemami. W Ks. Przysł. 18,12 napisano: „Przed upadkiem serce ludzkie się wynosi, lecz pokora poprzedza sławę". To właśnie arogancja jest powodem naszych upadków i zniszczenia.

Bóg uważa ludzi aroganckich za głupców. To Bóg ustanowił Tron Niebios, a ziemia jest Jego podnóżkiem. Jakże mało znaczący jest człowiek? Wszyscy ludzie zostali stworzeni na obraz Boga i wszyscy jesteśmy równi jako Jego dzieci, bez względu na pozycję. Bez względu na to, jak wiele możemy mieć, życie na świecie to zaledwie chwilka. Kiedy to życie się skończy, każdy zostanie osądzony przez Boga. Zostaniemy wyniesieni na niebiosa, jeśli pokornie żyliśmy na ziemi. W Jak. 4,10 czytamy: „Uniżcie się przed Panem, a wywyższy was".

Jeśli woda stoi w niewielkiej kałuży, będzie brudna i zalęgną w niej robaki. Jeśli woda spływa z góry, w końcu dotrze do morza i da życie. Tak samo, ukorzmy się, abyśmy mogli być uznani za wspaniałych w oczach Boga.

Cechy duchowej miłości I

1. Jest cierpliwa
2. Jest dobrotliwa
3. Nie zazdrości
4. Nie przechwala się
5. Nie wywyższa się

6. Miłość nie postępuje nieprzystojnie

Etykieta jest zbiorem zasad poprawnego zachowania, które obejmują nastawienie i zachowania w stosunku do innych ludzi. Rodzaje etykiety kulturowej mają różne formy w życiu codziennym i obejmują etykietę w rozmowach, jedzeniu, czy zachowaniu w miejscach publicznych. Odpowiednie maniery są ważną częścią naszego życia. Społecznie akceptowane zachowania, które są właściwe dla miejsca i okazji robią dobre wrażenie na innych. Natomiast, jeśli nie zachowujemy się odpowiednio i ignorujemy przyjętą etykietę, może to sprawić, iż inni ludzie będą czuli sie nieswojo w naszym towarzystwie. Co więcej, jeśli mówimy, że kogoś kochamy, a zachowujemy się nieodpowiednio w stosunku do tej osoby, trudno będzie tej osobie uwierzyć, że naprawdę ją kochamy.

Definicja słownikowa słowa „nieprzystojnie" używa określeń „nie według standardów właściwych dla pozycji danej osoby i okoliczności. W codziennym życiu istnieje oczywiście wiele różnych standardów etykiety kulturowej dotyczącej przywitania i rozmowy. Ku naszemu zaskoczeniu, wielu ludzi nie jest świadomych, że zachowują się nieprzystojnie, nawet gdy postępują niegrzecznie. W szczególności, łatwiej jest nam zachowywać się nieprzystojnie w stosunku do naszych bliskich, ponieważ czujemy się z nimi komfortowo i zachowujemy się nieodpowiednio, zapominając o etykiecie.

Jednak jeśli mamy prawdziwą miłość, nigdy nie postępujemy nieprzystojnie. Przypuśćmy, że masz bardzo wartościowy i piękny klejnot. W jaki sposób obchodziłbyś się z nim? Byłbyś ostrożny i dbał o to, aby go nie rozbić, uszkodzić lub stracić. Tak samo, jeśli kogoś kochamy, jak będziemy taką osobę traktować? Są dwa rodzaje nieprzystojnego zachowania – w stosunku do Boga i człowieka.

Nieprzystojne zachowanie w stosunku do Boga

Nawet wśród ludzi, którzy wierzą w Boga i mówią, że Go kochają są osoby, którzy zachowania i słowa pokazują jak daleko im do kochania Boga. Na przykład, wychodzenia w czasie nabożeństwa jest jednym z niegrzecznych zachowań w stosunku do Boga. Wychodzenie z nabożeństwa to tak jakby odejść sprzed oblicza Boga. Niegrzeczne byłoby, gdybyśmy odeszli sprzed oblicza prezesa firmy. Jakże możemy więc czynić to Bogu? Wątpliwe, iż czyniąc coś takiego możemy nadal twierdzić, że kochamy Boga. Lub przypuśćmy, że spotykasz się z ukochaną osobą i nagle odchodzić bez pożegnania. Jak poczułaby się taka osoba?

Jeśli rozmawiasz z kimś podczas nabożeństwa lub bujasz w obłokach, również jest to niestosownym zachowaniem. Takie zachowanie wskazuje, że brakuje nam szacunku i miłości do Boga. Takie zachowania mogą również dotyczyć kaznodziejów.

Przypuśćmy, że osoba wierząca rozmawia z inną osobą, a kaznodzieja odpływa myślami lub wychodzi. Może uznać, że poselstwo nie jest wystarczające, może stracić natchnienie i nie być w stanie głosić w Duchu Świętym. Wszystkie takie czyny są niegodne i powodują zniechęcenie innych.

Tak samo jeśli ktoś wychodzi w połowie nabożeństwa. Oczywiście, są pewne osoby, które muszą wyjść, aby komuś pomóc w szczególnych wypadkach, jednak normalnie nie wypada wychodzić podczas nabożeństwa. Niektórzy myślą, że przychodzą tylko po to, aby posłuchać kazania i wychodzą zaraz jak się kończy, jednak jest to zachowanie nieprzystojne.

Nabożeństwo można porównać do ofiary całopalnej z czasów Starego testamentu. Kiedy składano ofiary, krojono zwierzęta i spalano je (Ks. Kapł. 1,9).

Dziś oznacza to, że uczestniczymy w nabożeństwie od początku do końca zgodnie z zasadami i przyjętymi procedurami. Musimy z uwagą i sercem skupiać się na każdej części nabożeństwa, rozpoczynając cichą modlitwą, a kończąc modlitwą Pańską. Kiedy śpiewamy lub modlimy się, lub nawet w czasie darów lub ogłoszeń, powinniśmy oddawać Panu nasze serca. I nie chodzi tutaj tylko o nabożeństwa kościelne, ale również spotkania modlitewne, uwielbieniowe czy dziękczynne.

Aby wielbić Boga z całego serca, nie powinniśmy się spóźniać. Nieładnie jest spóźniać się na umówione spotkania z innymi ludźmi, a co dopiero z Bogiem. Bóg zawsze czeka na nas, by przyjąć nasze uwielbienie.

Dlatego, nie powinniśmy przychodzić do kościoła zaraz przed rozpoczęciem nabożeństwa. Należy przybyć wcześniej, by móc się pomodlić i przygotować się na nabożeństwo. Co więcej, używanie telefonów w czasie nabożeństwa czy pozwalanie dzieciom na zabawy również nie są właściwym zachowaniem. Żucie gumy lub jedzenie są zdecydowanie nieprzystojnymi zachowaniami.

Wygląd na nabożeństwie również jest ważną kwestią. Normalnie, niewłaściwe jest przychodzenie do kościoła w tym, w czym chodzimy do pracy lub po domu. Tak wykazujemy nasz szacunek do Boga. Dzieci Boże świadome są tego, jak cenny jest Bóg, dlatego gdy przybywają, aby Go wielbić, mają na sobie najlepsze i czyste odzienie.

Oczywiście mogą zdarzyć sie wyjątki. Na nabożeństwa środowe lub piątkowe czy nabożeństwa całonocne, wielu ludzi przychodzi prosto po pracy. Ponieważ spieszą się, by przybyć na czas, maja na sobie swoje ubrania z pracy. W takich przypadkach, Bóg nie uzna tego za zachowanie nieprzystojne, ponieważ doceni ich szczerość, iż poświęcają czas, by przybyć na nabożeństwo.

Bóg pragnie mieć z nami więź poprzez nabożeństwa i modlitwy. Takie są obowiązki dzieci Bożych. Modlitwa jest rozmową z Bogiem. Czasami, kiedy inni modlą się, ktoś może poklepać ich po ramieniu z powodu jakiejś sytuacji kryzysowej.

To tak samo jakby ktoś przerywał, kiedy ktoś inny rozmawia ze starszymi w kościele. Kiedy się modlisz, a masz otwarte oczy i przestajesz się modlić, bo ktoś się woła, zdecydowanie jest to niewłaściwym zachowaniem. W takich sytuacjach, ważne jest, aby najpierw zakończyć modlitwę, a dopiero później reagować na wołanie.

Jeśli wielbimy Boga i modlimy się w duchu i w prawdzie, Bóg błogosławi nam i nagradza nas. Odpowiada na nasze modlitwy, ponieważ docenia naszą szczerość. Jednak jeśli przez dłuższy czas postępujemy nieprzystojnie, powoduje to ścianę między nami a Bogiem. Nawet między mężem i żoną lub rodzicami i dziećmi pojawią się problemy, jeśli więź pozbawiona jest miłości. Tak samo jest z Bogiem. Jeśli stawiamy mur między nami a Bogiem, nie może On chronić nas od chorób czy wypadków, dlatego mogą pojawić się różne problemy. Możemy nie otrzymać odpowiedzi na modlitwy, nawet jeśli modlimy się od dawna. Jednak jeśli mamy właściwe nastawienie w uwielbieniu i modlitwie, wiele naszych problemów zostanie rozwiązanych.

Kościół jest świętym domem Boga

Bóg mieszka w kościele. Psalm 11,4 mówi: „Pan w świętym swoim przybytku, Pan ma tron swój na niebiosach. Oczy Jego patrzą, powieki Jego badają synów ludzkich".

W czasach Starego Testamentu nie każdy mógł wejść do miejsca świętego. Mogli to czynić tylko kapłani. Raz w roku najwyższy kapłan wchodził do miejsca najświętszego. Dzisiaj dzięki łasce Bożej każdy może wejść do świątyni i się modlić, ponieważ Jezus swoją krwią wybawił nas od grzechu, jak napisano w Hebr. 10,19: „Mamy więc, bracia, pewność, iż wejdziemy do Miejsca Świętego przez krew Jezusa". Świątynie nie jest jedynie miejscem uwielbienia. Nie dotyczy tylko budynku, ale również ogrodu, dlatego gdy jesteśmy w kościele, powinniśmy uważać na nasze słowa i czyny. Nie możemy się kłócić ani złościć, mówić o tym, co światowe lub o interesach. Jeśli nie zachowujemy się z szacunkiem godnym tego miejsca to tak, jakbyśmy niszczyli to, co należy do Boga.

Handel w kościele jest niedopuszczalny. W dzisiejszych czasach, dzięki rozwojowi Internetu, ludzi robią sobie zakupy przez Internet, będąc w kościele. Musimy pamiętać, że Jezus przewrócił stoły przekupniów i wygnał ich ze świątyni. Jezus nie chciał, by nawet zwierzęta przeznaczone na ofiarę kupowane były w kościele. Dlatego, nie wolno nam kupować ani sprzedawać w kościele ani też urządzać wyprzedaży w ogrodzie przykościelnym.

Wszystkie miejsca w kościele są miejscami uwielbienia i budowania więzi z Bogiem i braćmi i siostrami. Kiedy modlimy się i spotykamy się w kościele, powinniśmy zachować ostrożność, by nie stracić wrażliwości na świętość tego miejsca. Jeśli kochamy kościół, nie będziemy zachowywać się nieprzystojnie, jak napisano w Ps. 84,11: „Zaiste jeden dzień w przybytkach Twoich lepszy jest niż innych tysiące; wolę stać w progu domu mojego Boga, niż mieszkać w namiotach grzeszników".

Nieprzystojne zachowanie w stosunku do ludzi

Biblia mówi, że człowiek, który nie kocha swoich bliźnich nie może kochać Boga. Jeśli zachowujemy się nieprzystojnie w stosunku do innych, których widzimy, jakże możemy zachowywać się godnie w stosunku do Boga, którego nie widzimy.

„Jeśliby ktoś mówił: Miłuję Boga, a brata swego nienawidził, jest kłamcą, albowiem kto nie miłuje brata swego, którego widzi, nie może miłować Boga, którego nie widzi" (1 Jan 4,20).

Zastanówmy się, jakie są czyny niewłaściwe, jakich dokonujemy w codziennym życiu. Jeśli szukamy własnych korzyści i nie bierzemy innych pod uwagę, dochodzi do wielu niewłaściwych i niegrzecznych zachowań. Na przykład, kiedy rozmawiamy przez telefon, również powinniśmy zachowywać pewne zasady. Jeśli dzwonimy do kogoś późno lub zajmujemy komuś, kto jest zajęty, dużo czasu, szkodzimy tej osobie. Spóźnianie się na spotkania lub niespodziewane wizyty w czyimś domu mogą również być przykładami nieodpowiedniego zachowania.

Ktoś może sobie pomyśleć: „Jesteśmy ze sobą tak blisko, nie musimy więc myśleć o tak formalnych kwestiach". Być może masz z kimś bardzo dobrą więź i rozumiesz drugą osobę, ale trudno jest tak naprawdę być pewnym na 100% co dana osoba myśli.

Możemy myśleć, że my wyrażamy przyjaźń, ale druga osoba może postrzegać to inaczej. Dlatego, powinniśmy próbować przemyśleć daną sprawę z perspektywy drugiej osoby. Powinniśmy być ostrożni, aby nie zachowywać się niewłaściwie szczególnie w stosunku do naszych bliskich tak, aby zawsze mogli czuć się przy nas komfortowo.

Czasami wypowiadamy bezmyślne słowa lub postępujemy nieostrożnie, raniąc czyjeś uczucia lub obrażając bliskie nam osoby. Zachowujemy się niegrzecznie w stosunku do członków rodziny lub przyjaciół aż w końcu więź zamiera. Czasami starsi ludzie niewłaściwie traktują młodzież lub ludzi o niższej pozycji społecznej. Mówią o nich bez szacunki lub mają takie nastawienie, że inni czują się przy nich nieswojo.

W dzisiejszych czasach trudno jest znaleźć ludzi, którzy szczerze oddani są swoim rodzicom, nauczycielom czy starszym ludziom, którym należy się szacunek. Niektórzy uważają, że sytuacja się zmieniła, jednak pewne rzeczy nigdy się nie zmieniają. W Ks. Kapł. 19,32 czytamy: „Przed siwizną wstaniesz, będziesz szanował oblicze starca, w ten sposób okażesz bojaźń Bożą. Ja jestem Pan!"

Wolą naszego Boga jest to, abyśmy spełniali swoje obowiązki względem człowieka. Boże dzieci powinny zachowywać prawo i porządek tego świata, a nie postępować niewłaściwie. Na przykład, jeśli powodujemy zamieszanie w miejscach publicznych, plujemy na ulicę lub przestępujemy prawo drogowe, postępujemy niegodnie w stosunku do innych ludzi. Jesteśmy chrześcijanami, którzy powinni być światłością i solą ziemi, dlatego powinniśmy uważać na słowa, czyny i zachowania.

Prawo miłości jest ostatecznym standardem

Większość ludzi spędza swój czas z innymi ludźmi, spotykając się i rozmawiając, jedząc posiłki i pracując. W naszym codziennym życiu jest wiele rodzajów etykiety. Jednak każdy z nas ma inny poziom wykształcenia, pochodzimy z różnych kultur, krajów i ras. Jaki powinien być standard zachowania?

Powinno nim być prawo miłości. Prawo miłości odnosi się do Prawa Boga, który sam jest miłością. Jeśli w naszym sercu jest obraz Boga i praktykujemy go w naszym codziennym życiu, mamy nastawienie Jezusa i nie postępujemy nieprzystojnie. Innym znaczeniem prawa miłości jest wzgląd na innych ludzi.

Pewien człowiek szedł w nocy z lampą w ręku. Inny człowiek nadchodził w jego kierunku, a kiedy zobaczył człowieka z lampą, zauważył, że był on ślepy. Zapytał więc, dlaczego niesie lampę, skoro nie widzi, a mężczyzna odpowiedział: „Abyś na mnie nie wpadł. Lampa jest dla ciebie". Możemy tutaj z pewnością zauważyć wzgląd na innych ludzi.

Wzgląd na innych ludzi, mimo iż wydaje się banalny, ma moc poruszać serca. Nieprzystojne zachowanie wynika z braku względu na innych, co oznacza brak miłości. Jeśli kochamy innych, będziemy mieć ich na uwadze i nie będziemy zachowywać się niewłaściwie.

W rolnictwie, jeśli usuwa się zbyt wiele gorszych owoców spośród wszystkich owoców, wzrost owoców będzie większy ze względu na większą ilość dostępnych składników odżywczych, dlatego ich skórka będzie grubsza i wcale nie będą dobre w smaku. Jeśli nie bierzemy innych pod uwagę, kiedy możemy się cieszyć tym, co jest dostępne, w końcu staniemy się nieprzyjemnymi i gruboskórnymi ludźmi jak owoce, które otrzymały zbyt wiele wartości odżywczych. Dlatego w Kol. 3,23 czytamy: „Cokolwiek czynicie, z serca wykonujcie jak dla Pana, a nie dla ludzi", dlatego powinniśmy służyć innym z szacunkiem tak, jak służymy Bogu.

7. Miłość nie szuka swego

W dzisiejszym świecie nietrudno o egoizm. Ludzie szukają własnych korzyści, a nie dobra ogółu. W niektórych krajach do mleka przeznaczonego dla dzieci dosypuje się szkodliwe substancje chemiczne. Niektórzy ludzi powodują szkody dla swojego kraju, kradnąc technologię ważną dla państwa. Nie względu na podejście typu „to nie mój problem", rządom trudno jest budować publiczne miejsca, jak składowiska lub publiczne krematoria. Ludzie nie dbają o dobro innych, a tylko o własne. W naszym codziennym życiu możemy odnaleźć wiele przykładów egoistycznych zachowań.

Na przykład, niektórzy przyjaciele wychodzą, aby wspólnie jadać posiłki. Muszą wybrać, gdzie chcą pójść i jedna osoba naciska na swój wybór. Inna osoba godzi się na to, choć wcale nie jest zadowolona, a mimo to zawsze pyta osobę pierwszą, gdzie idą. Bez względu na to, czy lubi jeść to, co ta osoba wybiera, zawsze jada z radością. Do jakiej kategorii należy taki człowiek?

Grupa ludzi ma spotkanie, aby przygotować się do jakiegoś wydarzenia. Mają różne zdania. Jedna z osób za wszelką cenę stara się przekonać pozostałych, by się z nią zgodzili. Inni nie nalegają na swoją opinię tak mocno, jednak nie podoba im się sugestia osoby pierwszej, lecz przyjmują ją z niechęcią.

Druga osoba słucha, co inni mają do powiedzenia. Nawet jeśli jej pomysł jest inny, próbuje się zgadzać. Taka różnica wynika z miłości w sercu człowieka.

Jeśli pojawia się konflikt zdań, może to prowadzić do kłótni, ponieważ ludzie troszczą się o swoje i upierają się przy własnych opiniach. Jeśli małżeństwo opiera się przy swoich opiniach, będą stale się kłócić i nie zrozumieją jeden drugiego. Osiągną pokój, jeśli okażą sobie zrozumienie, jednak ponieważ upierają się przy swoim, kłótnię burzą ich porozumienie.

Jeśli kogoś kochamy, dbamy o tę osobę bardziej niż o siebie samych. Spójrzmy na miłość rodziców. Większość rodziców myśli najpierw o swoich dzieciach zamiast o sobie. Matka woli usłyszeć pochwałę swojej córki niż samej siebie.

Rodzice zamiast sami zjadać smakołyki, wolą dać je swoim dzieciom. Zamiast sami nosić dobre ubrania, wolą lepiej ubrać swoje dzieci. Chcą, aby ich dzieci były mądrzejsze i kochane przez innych ludzi. Jeśli okazujemy taką miłość naszym bliźnim, Bóg będzie bardzo zadowolony!

Abraham okazywał miłość i miał innych na względzie

Miłość pełna poświęcenia przedkłada potrzeby innych wyżej niż własne. Abraham jest dobrym przykładem osoby, która dbała bardziej o dobro innych niż własne.

Kiedy Abraham opuszczał swoje miasto, jego bratanek Lot poszedł z nim. Lot również otrzymał dzięki Abrahamowi wiele błogosławieństw, więc ilość bydła, jakie posiadali nie mogła pomieścić się na ziemi, gdzie mieszkali, dlatego pasterze czasami kłócili się ze sobą.

Abraham nie chciał, aby pokój został zakłócony, dlatego dał Lotowi możliwość wybory, gdzie chce iść. Najważniejsza była troska o trzody. Miejsce, gdzie mieszkali nie miało dość trawy, by wykarmić wszystkie stada, oddanie komuś lepszej ziemi oznaczało mniejsze szanse na przetrwanie.

Abraham miał Lota na względzie, ponieważ go kochał. Jednak Lot tak naprawdę nie rozumiał miłości Abrahama, po prostu wybrał lepszą ziemię – Dolinę Jordanu – i odszedł. Czy Abraham był rozczarowany? Nie. Był szczęśliwy, że jego bratanek miał lepszą ziemię.

Bóg znał serce Abrahama i błogosławił mu wszędzie, gdzie się udał. Abraham stał się bardzo bogatym człowiekiem, szanowanym przez innych, nawet królów w okolicy. Jak widzimy w tej historii, z pewnością otrzymamy Boże błogosławieństwo, jeśli będziemy potrzeby innych stawiać wyżej niż swoje własne.

Jeśli dajemy coś naszym ukochanym, radość jest większa niż cokolwiek innego. Jest to radość, którą może zrozumieć tylko osoba dająca coś wartościowego ukochanej osobie. Jezus miał taką radość. Największą radość można osiągnąć, kiedy pielęgnuje się miłość doskonałą. Trudno jest dać coś komuś, kogo nienawidzimy, lecz nietrudno dawać dary ludziom, których kochamy. Dawanie daje szczęście.

Największe szczęście

Doskonała miłość daje nam możliwość doświadczenia największego szczęścia. Aby posiąść doskonałą miłość, jaką miał Jezus, musimy myśleć najpierw o innych, a dopiero później o sobie. Naszym priorytetem powinni być nasi bliźni, Bóg, Pan i kościół, a jeśli tak będzie, Bóg się nami zaopiekuje. On da nam w zamian coś lepszego, jeśli postawimy potrzeby innych wyżej niż własne. W niebie czekają na nas nagrody. Dlatego Bóg mówi w Dz. Ap. 20,35: „Lepiej jest dawać aniżeli brać".

Powinniśmy pamiętać o jednej rzeczy. Nie możemy zaniedbywać samych siebie, pracując dla Królestwa Bożego ponad siły. Bóg przyjmuje nas, jeśli staramy się być wierni, pomimo naszych ograniczeń. Jednak nasze ciała potrzebują odpoczynku. Powinniśmy dbać o siebie, modląc się, poszcząc i ucząc się Słowa Bożego, a nie tylko pracować dla kościoła.

Niektórzy ludzi szkodzą sobie lub własnej rodzinie, spędzając zbyt wiele czasu, pracując dla kościoła. Na przykład, niektórzy nie są w stanie odpowiednio pracować, kiedy poszczą. Studenci mogą zaniedbać swoje studia tylko po to, by wziąć udział w szkole niedzielnej.

W powyższych przypadkach, ludziom może się wydawać, że

nie szukają własnych korzyści, ponieważ ciężko pracują. Jednak to nieprawda. Mimo, że pracują dla Pana, nie są wierni domowi Bożemu, co oznacza, że nie wypełniają woli Bożej jako Jego dzieci, więc tak naprawdę są egoistyczni.

Cóż więc powinniśmy uczynić, aby nie szukać we wszystkim własnych korzyści? Musimy polegać na Duchu Świętym. Duch Święty poprowadzi nas do prawdy. Możemy żyć na chwałę Bogu, jeśli postępujemy zgodnie z prowadzeniem Ducha Świętego, jak powiedział apostoł Paweł: „Przeto czy jecie, czy pijecie, czy cokolwiek innego czynicie, wszystko na chwałę Bożą czyńcie" (1 Kor. 10,31).

Aby tak postępować, musimy odrzucić zło z naszego serca. Co więcej, jeśli pielęgnujemy prawdziwą miłość w sercu, mądrość od Boga będzie nam dana w każdej sytuacji. Jeśli naszej duszy dobrze się wiedzie, wszystko będzie właściwie się układać, będziemy zdrowi tak, by być wiernymi Bogu w pełni. Nasza rodzina i bliźni również będą nas kochać i szanować.

Kiedy młodzi małżonkowie przychodzą, by prosić o moje modlitwy, modlę się, aby mieli jeden drugiego na względzie. Jeśli szukają jedynie własnych korzyści, nie będą w stanie zbudować spokojnej rodziny.

Możemy szukać korzyści ludzi, których kochamy lub takich, którzy są dla nas przydatni. Ale co z ludźmi, którzy utrudniają nam życie i szukają własnych korzyści? A co z tymi, którzy szkodzą innym i powodują cierpienie lub tymi, którzy nie są dla nas zupełnie korzystni? W jaki sposób zachowujemy się w stosunku do takich osób, które postępują źle i mówią złe słowa?

W takich przypadkach, jeśli unikami ich i nie jesteśmy gotowi się dla nich poświęcić, oznacza to, że szukamy własnych korzyści. Powinniśmy być w stanie poświęcić się dla takich ludzi i dawać dary osobom, które nie zgadzają się z nami. Tylko wtedy możemy powiedzieć, że mamy prawdziwą duchową miłość.

8. Miłość nie daje się sprowokować

Miłość sprawia, iż ludzie robią się bardziej pozytywni. Z drugiej strony, gniew sprawia, iż człowiek staje się negatywny. Gniew rani serce i powoduje ciemność. Jeśli więc gniewasz się, nie możesz mieszkać w miłości Bożej. Największe pułapki szatana to nienawiść i gniew.

Jeśli dajemy się sprowokować, nie tylko gniewamy się, krzyczymy i przeklinamy, ale możemy nawet stać się agresywni. Jeśli pojawia się gniew, zmienia się kolor twarzy, mowa staje się porywcza i działamy pod wpływem prowokacji. Siła gniewu jest różna w zależności od sytuacji, jednak jego wynikiem zawsze jest nienawiść i negatywne uczucia. Patrząc na innych, nie powinniśmy jednak oceniać tego, czy dana osoba jest rozgniewana. Niełatwo jest nam zrozumieć czyjeś wnętrze.

Jezus wygnał przekupniów ze świątyni. Handlarze rozstawili stoły i wymieniali pieniądze oraz sprzedawali bydło ludziom, którzy przybyli do Jerozolimy na Paschę. Jezus był delikatny, nie kłócił się ani nie krzyczał, jednak w tej sytuacji widzimy, że Jego nastawienie zmieniło się.

Zrobił bicz i wypędził bydło. Powywracał stoły, więc ludzie, którzy byli wokół Niego mogli stwierdzić, że jest rozgniewany. Jednak taki gniew nie wynikał z nienawiści ani innych złych emocji. Jezus był słusznie oburzony. W oburzeniu, uświadomił nam niewłaściwość takiego zachowania w świątyni Bożej. Takie oburzenie jest wynikiem miłości do Boga, który doskonali miłość sprawiedliwością.

Różnica między słusznym oburzeniem a gniewem

W 3 rozdziale Ew. Marka czytamy, że Jezus w sabat uzdrowił człowieka z uschłą ręką. Ludzie obserwowali Jezusa, chcąc wiedzieć, czy uzdrowi chorego w sabat tak, by mogli oskarżyć Go o pogwałcenie sabatu. Jezus znał ich serca i zapytał: „Co wolno w szabat: uczynić coś dobrego czy coś złego? Życie ocalić czy zabić?" (Mar. 3,4) Ich intencje zostały odkryte i nie potrafili powiedzieć nic więcej. Gniew Jezusa skierowany był na ich zatwardziałe serca.

Wtedy spojrzawszy wkoło po wszystkich z gniewem, zasmucony z powodu zatwardziałości ich serca, rzekł do człowieka: Wyciągnij rękę! Wyciągnął, i ręka jego stała się znów zdrowa (Mar. 3,5).

W tamtym czasie źli ludzie próbowali potępić i zabić Jezusa, który czynił dobro. Czasami Jezus mówił do nich mocnymi słowami. Chciał im uświadomić, iż zmierzają drogą destrukcji. Słuszne oburzenie Jezusa wypływało z Jego miłości. Oburzenie czasami mogło obudzić ludzi i sprawić, iż wybiorą drogę życia. Tutaj właśnie widzimy różnicę między gniewem a oburzeniem. Tylko jeśli człowiek dostępuje uświęcenia i nie ma w sobie grzechu, jego napomnienia dają życie innym. Jednak bez uświęcenia serca, człowiek nie może wydawać takich owoców.

Jest kilka powodów, dla których ludzie są rozgniewani. Po pierwsze, ponieważ ludzie pomysły i życzenia różnią się. Każdy ma inne pochodzenie i wykształcenie, dlatego nasze serca i myśli są inne, nasze standardy oceniania różnią się, lecz jeśli próbujemy komuś narzucić nasze pomysły, opinie czy myśli, wtedy pojawiają się złe uczucia.

Przypuśćmy, że mąż lubi słone jedzenie, a żona nie. Żona może powiedzieć: „Zbyt dużo soli nie jest dobre dla twojego zdrowia. Nie powinieneś jeść tyle soli". Daje mężowi radę odnoszącą się do jego zdrowia. Jednak jeśli mąż tego nie chce, nie powinna nalegać. Powinni znaleźć sposób rozwiązania sytuacji, by tworzyć szczęśliwą rodzinę.

Po drugiej, osoba może gniewać się, kiedy inni jej nie słuchają. Jeśli ktoś jest starszy i ma wyższą pozycję, chce, by inni byli mu posłuszni. Oczywiście, właściwie jest szanować starszych ludzi i być posłusznym tym, którzy mają wyższe stanowisko w hierarchii, jednak tacy ludzie nie mogą zmuszać innych, by byli im posłuszni.

Są przypadki, kiedy osoba, która ma wyższe stanowisko nie słucha swoich podwładnych, lecz chce, by inni postępowali zgodnie z jej słowami bezwarunkowo. W innych przypadkach ludzi gniewają się, kiedy zostają potraktowani niesprawiedliwie. Ponadto, w ludziach rodzi się gniew, również kiedy ktoś okazuje im nienawiść bez przyczyny lub kiedy coś nie jest wykonane w taki sposób, jak poprosiły lub nakazały. Również przekleństwa i obraźliwe słowa wywołują gniew. Zanim pojawi się gniew, ludzi mają już w sobie wiele złych emocji. Słowa i czynny innych tylko pobudzają gniew. Tak rozbudzone uczucia przeradzają się często w gniew, który sprawia, iż nie możemy przebywać w Bożej miłości ani duchowo wzrastać. Nie możemy się zmienić dzięki prawdzie, dopóki są w nas złe uczucia. Musimy odrzucać prowokacje i odsuwać od siebie gniew. W 1 Kor. 3,16 czytamy: „Czyż nie wiecie, żeście świątynią Boga i że Duch Boży mieszka w was?"

Musimy uświadomić sobie, że Duch Święty chce zamieszkać w naszych sercach jak w świątyni i Bóg pragnie na nas patrzeć tak, byśmy nie poddawali się gniewowi tylko dlatego, że ktoś się z nami nie zgadza.

Gniew ludzki jest niezgodny ze sprawiedliwością Bożą

Elizeusz otrzymał jeszcze więcej ducha niż Eliasz i wykonywał jeszcze więcej Bożych dzieł. Dzięki mocy Bożej sprawił, że niepłodna kobieta mogła mieć dziecko, obudził z martwych młodego człowieka, uzdrawiał trędowatych i pokonał armię wroga. Zmienił wodę, która nie nadawała się do picia w wodę pitną. Niemniej jednak jako prorok boży zmarł na chorobę, która była bardzo rzadka w tamtych czasach.

Jaki mógł być tego powód? Kiedy udał się do Betelu, grupa

młodych ludzi wyszła z miasta i naśmiewała się z niego, ponieważ był łysy: „Stamtąd poszedł do Betel. Kiedy zaś postępował drogą, mali chłopcy wybiegli z miasta i naśmiewali się z niego wzgardliwie, mówiąc do niego: Przyjdź no, łysku! Przyjdź no, łysku!" (2 Król. 2,23) Elizeusz wstydził się, nakazał im, aby przestali, lecz nie usłuchali. Byli uparci, a prorok nie mógł tego znieść.

Betel był miejscem, gdzie rozrastało się bałwochwalstwo po tym, jak Izrael rozdzielił się na dwa mniejsze państwa. Młodzi ludzi byli bardzo zatwardziali. Być może zaszli drogę prorokowi, a nawet rzucali w niego kamieniami. W końcu Elizeusz przeklął ich. Dwie niedźwiedzice wyszły z lasu i zabiły 42 młodych ludzi.

Oczywiście, sami sprowadzili na siebie karę, zaczepiając sługę Bożego, jednak widzimy tutaj, że Elizeusz miał w sobie złe uczucia. Nie jest to bez znaczenia, biorąc pod uwagę jego śmierć. Widzimy, że dzieci Boże nie powinny dać się sprowokować. „Gniew bowiem męża nie wykonuje sprawiedliwości Bożej" (Jak. 1,20).

Nie daj się sprowokować

Co musimy zrobić, aby nie denerwować się? Czy musimy zadbać o samokontrolę? Kiedy mocno przyciskamy sprężynę, z wielką siłą odbija się w końcu w górę. Tak samo jest z gniewem. Jeśli go ukrywamy, może chwilowo uda nam się uniknąć konfliktu, jednak prędzej czy później w końcu eksplodujemy. Dlatego, aby nie dać się sprowokować, musimy pozbyć się gniewu.

Nie powinniśmy go ukrywać, lecz zmienić nasze złe nastawienie w dobroć i miłość tak, abyśmy nie musieli go wcale ukrywać.

Oczywiście, nie jesteśmy w stanie w jednej chwili odrzucić wszystkich złych uczuć i zastąpić je dobrocią i miłością. Musimy próbować każdego dnia. Po pierwsze, w prowokującej sytuacji musimy pozostawić problem Bogu i być cierpliwymi. W pewnym artykule napisanym przez Thomasa Jeffersona, trzeciego prezydenta USA, znalazły się słowa: „Kiedy pojawia się gniew, policz do dziesięciu zanim zaczniesz mówić; jeśli jesteś bardzo rozgniewany, policz do stu". Koreańskie przysłowie mówi: „trzykrotna cierpliwość powstrzyma nawet morderstwo".

Kiedy jesteśmy rozgniewani, powinniśmy wycofać się i myśleć o korzyściach, które miałyby wypłynąć z gniewu. Wtedy nie zrobimy nic, czego będziemy żałować ani wstydzić się. Próbując być cierpliwymi dzięki modlitwie i Duchowi Świętemu, szybko zauważymy, że złe uczucia i gniew gdzieś zniknęły. Jeśli rozgniewaliśmy się więcej niż dziesięć razy, częstotliwość będzie obniżać się coraz bardziej. Wtedy w trudnych sytuacjach będziemy potrafili zachować spokój. Jakież szczęście!

W Ks. Przysł. 12,16 napisano: „Głupi swój gniew objawia od razu, roztropny ukryje obelgę", a w Ks. Przysł. 19,11: „Rozważny człowiek nad gniewem panuje, a chwałą jego – zapomnienie uraz".

Gniew jest bardzo niebezpieczny. Musimy sobie to uświadomić. Zwycięzcą będzie ten, kto go pokona. Niektórzy ludzie ćwiczą samokontrolę, kiedy w kościele mają miejsce sytuacje, które mogą ich rozgniewać, lecz łatwo się denerwują w domu, w szkole lub w pracy. Bóg pragnie, abyśmy potrafili pozbyć się gniewu na stałe. On zna nasze zachowania, słowa i myśli. Obserwuje nas, a Duch Święty mieszka w naszych sercach, dlatego musimy żyć tak, jakbyśmy stali przed Bogiem przez cały czas.

Pewne małżeństwo kłóciło się, a rozgniewany mąż krzyknął do żony, by się zamknęła. Była tak zszokowana, że nie odezwała się do niego aż do śmierci. Mąż, który rozgniewał się na żonę, teraz bardzo cierpiał. Jeśli dajemy się sprowokować, wielu ludzi może cierpieć, dlatego powinniśmy pozbyć się takich uczuć.

9. Miłość nie pamięta złego

W mojej służbie spotykam różnych ludzi. Niektórzy odczuwają Bożą miłość, myśląc o Bogu i płaczą, kiedy inni mają kłopoty, ponieważ nie odczuwają miłości Bożej równie mocno, mimo że wierzą w Niego i kochają Go.

To, jak odczuwamy miłość Bożą zależy od tego, czy odrzuciliśmy grzech i zło. To, czy żyjemy zgodnie ze Słowem Bożym i odrzucamy grzech z naszego serca wskazuje na to, czy czujemy miłość Bożą w naszych sercach i wzrastamy w wierze. Możemy czasami napotkać trudności w naszej wędrówce wiary, jednak w takich chwilach będziemy pamiętać o miłości Bożej. Jeśli o niej pamiętamy, nie będziemy pamiętać złego.

Pamiętanie złego

W swojej książce „Healing Life's Hidden Addictions" („Uzdrawianie ukrytych życiowych uzależnień") dr Archibald D. Hart, były dziekan Akademii Psychologicznej w seminarium teologicznym, powiedział, że jedna na cztery młode osoby w USA ma silną depresję oraz, że depresja, narkotyki, seks, Internat, alkohol i palenie papierosów rujnują życie młodych ludzi.

Kiedy młodzi przestają używać środki, które zmieniają ich sposób myślenia, uczucia i zachowanie, niewiele im zostaje. Osoba uzależniona może zwrócić się w kierunku innych zachowań uzależniających w ramach mechanizmu ucieczki. Takie zachowania obejmują seks, miłość i więzi. Z niczego nie potrafią czerpać pełnego zadowolenia, nie odczuwają łaski ani radości, która wypływa z więzi z Bogiem, dlatego często popadają w ciężkie choroby. Uzależnienie jest próbą znalezienia zadowolenia z innych rzeczy niż łaska i radość od Boga i są wynikiem ignorowania Boga. Osoba uzależniona ciągle pamięta o tym, co złe.

Czy jest to zło? Odnosi się do złych rzeczy, które nie są zgodne z wolą Bożą. Myślenie o tym, co złe możemy podzielić na trzy kategorie.

Po pierwsze, kiedy życzymy innym, aby przytrafiło im się coś złego. Na przykład, być może pokłóciłeś się z kimś. Tak bardzo nienawidzisz tej osoby, że życzysz jej, by stało jej się coś złego. Przypuśćmy, że nie masz zbyt dobrej relacji ze swoim sąsiadem i dzieje mu się coś złego. Wtedy myślisz: „Dobrze mu tak" albo „Wiedziałem, że tak będzie". W przypadku uczniów, niektórzy mogą chcieć, aby innym nie poszło zbyt dobrze na egzaminie lub teście.

Jeśli masz w sobie prawdziwą miłość, nie będziesz myślał o tym, co złe. Czy chciałbyś, aby bliskie ci osoby cierpiały? Z pewnością chcesz, aby twojej rodzinie powodziło się i aby była zdrowa. Ponieważ nie mamy w naszych sercach miłości, chcemy, aby coś złego przytrafiło się innym ludziom i cieszymy się z ich nieszczęścia.

Ponadto, chcielibyśmy znać nieprawości i słabości innych ludzi tak, by mówić o tym innym. Przypuśćmy, że poszedłeś na spotkanie i ktoś powiedział tam coś złego o innej osobie. Jeśli jesteś zainteresowany, powinieneś zajrzeć do swojego serca. Jeśli ktoś obawia twoich rodziców, czy chciałbyś tego słuchać? Natychmiast kazałbyś im przestać.

Oczywiście są przypadki, kiedy musimy znać sytuację innych, kiedy chcemy im pomóc. Jednak jeśli tak nie jest, a nadal interesujemy się tym, co złe, oznacza to, że chcemy ich oczerniać i plotkować. „Kto szuka miłości, cudzy błąd tai; kto sprawę rozgłasza, poróżnia przyjaciół" (Ks. Przysł. 17,9). Ludzie dobrzy, którzy mają miłość w sercu będą próbowali zakryć winy innych. Ponadto, jeśli mamy miłość duchową, nie będziemy zazdrościć innym ich bogactwa. Będziemy chcieli, aby innym dobrze się powodziło oraz aby czuli się kochani. Pan Jezus powiedział nam, aby kochać nawet swoich wrogów. W Rzym. 12,14 czytamy: „Błogosławcie tych, którzy was prześladują. Błogosławcie, a nie złorzeczcie".

Drugim aspektem złych myśli jest osądzanie i potępianie innych Na przykład, przypuśćmy, że widziałeś osobę wierzącą wchodzącą do miejsca, gdzie ludzie wierzący wchodzić nie powinni. Co być sobie pomyślał? Pewnie źle pomyślałbyś sobie o takiej osobie, nie mogąc uwierzyć w to, co robi. Jednak jeśli mamy dobro w sercu, będziemy zastanawiać się raczej nad tym, dlaczego dana osoba udała się do takiego miejsca, stwierdzając, iż pewnie miała ku temu powód.

Jeśli mamy w sercu duchową miłość, złe myśli w ogóle się nie pojawiają. Nawet jeśli słyszymy coś złego na temat innej osoby, nie osądzamy ani nie potępiamy, dopóki sami nie sprawdzimy tych informacji. W większości przypadków, kiedy rodzice dowiadują się czegoś złego o swoich dzieciach, jak reagują? Niełatwo im przyjąć to, co słyszą, a raczej upierają się przy tym, że ich dzieci nie mogły tak postąpić. Nie wierzą osobie, która przekazuje informacje. Tak samo, jeśli naprawdę kogoś kochamy, będziemy starać się myśleć o nim/niej to, co najlepsze.

Jednak w dzisiejszych czasach jest wielu ludzi, którzy źle myślą i mówią o innych. Dotyczy to nie tylko relacji osobistych, ale również krytykowania osób na stanowiskach publicznych.

Nie starają się nawet przyjrzeć sytuacji, a od razu rozprzestrzeniają plotki. Ze względu na agresywne uwagi na Internecie, niektórzy ludzi popełniają samobójstwa. Osądzają i potępiają innych swoimi standardami, a nie Słowem Bożym. Jaka jest wola Bożą?

W Liście Jakuba 4,12 czytamy: „Jeden jest Prawodawca i Sędzia, w którego mocy jest zbawić lub potępić. A ty kimże jesteś, byś sądził bliźniego?"

Tylko Bóg może właściwie osądzić. Bóg mówi nam, że źle jest osądzać bliźniego. Przypuśćmy, że ktoś zrobił coś złego. Dla tych, którzy mają miłość duchową, nie jest ważne, czy ta osoba miała rację czy też nie. Będą myśleć o tym, co dobre. Będą chcieli, aby osoba zyskała zbawienie i miłość Bożą.

Co więcej, doskonała miłość nie tylko zakrywa to, co złe, ale również pomaga drugiej osobie dojść do skruchy. Powinniśmy być w stanie nauczać prawdy i dotykać serc innych ludzi, aby wybrali właściwą drogę i zmienili się. Jeśli mamy doskonałą miłość duchową, będziemy z dobrocią patrzeć na drugiego człowieka. Będziemy kochać ludzie, nawet jeśli postępują niewłaściwie. Będziemy chcieli im ufać i pomóc. Jeśli nie będziemy potępiać i osądzać, będziemy szczęśliwi, spotykając różnych ludzi w naszym życiu.

Trzecim aspektem są myśli, które nie są zgodne z wolą Bożą

Nie tylko złe myśli, ale jakiekolwiek myśli, które nie są zgodne z wolą Bożą są złymi myślami. W świecie ludzi, którzy żyją zgodnie ze standardami moralnymi i sumieniem uważani są za dobrych ludzi.

Jednak ani moralność ani sumienie nie są standardami dobroci. Mogą być całkowicie sprzeczne z wolą Bożą i Jego słowem. Tylko Słowo Boże może być standardem dobroci.

Ci, którzy przyjmują Pana, wyznają, iż są grzesznikami. Ludzie są dumni z siebie i swojego dobrego moralnego życia, jednak według Biblii nadal mogą być grzesznikami. Ponieważ wszystko, co nie jest zgodne z wolą Bożą jest grzechem, bo Słowo Boże jest ostatecznym standardem dobroci (1 Jana 3,4).

Jaka jest różnica między złem i grzechem? W szerokim tego słowa znaczeniu, grzech i zło są fałszem, niezgodnym z prawdą Słowa Bożego. Są ciemnością, która jest sprzeczna z Bożym światłem. Jeśli jednak skupimy się na szczegółach, różnią się od siebie. Porównując je do drzewa, zło jest jak korzeń, schowany w ziemi i niewidoczny na pierwszy rzut oka, a grzech jest jak gałęzie, liście i owoce. Bez korzenia, drzewo nie ma gałęzi, liści i owoców. Podobnie grzech nie pojawia się, kiedy nie ma zła. Zło jest tym, co kryje się w charakterze. Jest sprzeczne z dobrocią, miłością i prawdą Bożą. Jeśli zło manifestuje się w konkretnej postaci, jest grzechem.

Jezus w Łuk. 6,45 powiedział: „Dobry człowiek z dobrego skarbca swego serca wydobywa dobro, a zły człowiek ze złego skarbca wydobywa zło. Bo z obfitości serca mówią jego usta".

Przypuśćmy, że ktoś mówi coś, co rani drugą osobę, w stosunku do której czuje nienawiść. To zło manifestuje się w postaci nienawiści lub złych słów, które są grzechami. Grzech jest realizowany i określony standardami Słowa Bożego, czyli przykazań Bożych.

Bez prawa nikt nie byłby ukazany, ponieważ nie byłoby standardu, według którego można byłoby sądzić. Podobnie, grzech jest sprzeciwieniem się Słowu Bożemu. Grzech możemy podzielić na rzeczy ciała i czyny ciała. Rzeczy ciała to grzechy popełnione w sercu i myśli, takie jak nienawiść, zazdrość, cudzołóstwo w umyśle, natomiast czynami cielesnymi są kłótnie, porywczość i morderstwa. Podobnie kategoryzuje się grzechy lub przestępstwa na świecie. Na przykład, w zależności, w stosunku do kogo popełniono przestępstwo, może być to przestępstwo przeciwko narodowi, ludziom lub osobie indywidualnej.

Jednak nawet jeśli ktoś ma w sercu zło, nie oznacza to, iż popełnia grzechy. Jeśli słucha Słowa Bożego i dba o samokontrolę, unika popełniania grzechów mimo, iż ma w sercu zło. Ludzie czasami myślą sobie wtedy, że osiągnęli uświęcenie, ponieważ nie popełniają widocznych grzechów.

Aby stać się prawdziwie uświęconym, musimy pozbyć się zła typowego dla naszej natury w naszym wnętrzu. Zło dziedziczymy po naszych rodzicach. Nie pojawia się zazwyczaj w zwykłych sytuacjach, ale wypływa, kiedy pojawiają się trudności.

Pewne koreańskie przysłowie mówi: „Każdy przeskoczyłby przez płot sąsiada, gdyby głodował przez trzy dni". To tak samo, jakby powiedzieć, że „Cel uświęca środki". Dopóki nie jesteśmy całkowicie uświęceni, zło ukryte w nasz może ujawnić się w każdej sytuacji.

Mimo, że bardzo małe, odchody much nadal są odchodami. Tak samo, nawet jeśli nie widać grzechów, wszystko co nie jest doskonałe w oczach Boga jest złem. Dlatego w 1 Tes. 5,22 czytamy: „Unikajcie wszystkiego, co ma choćby pozór zła".

Bóg jest miłością. Boże przykazania można zawrzeć w miłości. Nie kochać, to mieć w sobie zło i bezprawie. Dlatego, aby sprawdzić, czy pamiętamy zło, musimy pomyśleć o tym, ile mamy w sobie miłości. Jeśli kochamy Boga i innych ludzi, nie będziemy pamiętać złego.

Przykazanie zaś Jego jest takie, abyśmy wierzyli w imię Jego Syna, Jezusa Chrystusa, i miłowali się wzajemnie tak, jak nam nakazał (1 Jan 3,23).

Miłość nie wyrządza zła bliźniemu. Przeto miłość jest doskonałym wypełnieniem Prawa (Rzym. 13,10).

Nie pamiętać o tym, co złe

Aby nie pamiętać o tym, co złe, nie możemy skupiać się na złych rzeczach. Nawet jeśli coś słyszymy lub widzimy, nie powinniśmy o tym pamiętać ani myśleć. Oczywiście czasami możemy nie być w stanie kontrolować naszych myśli. Jakaś myśl może się pojawić właśnie wtedy, gdy próbujemy o czymś nie myśleć. Jednak jeśli się staramy i powierzamy ten problem Bogu w modlitwie, Duch Święty pomoże nam. Nigdy nie możemy patrzeć, słuchać ani myśleć o złych rzeczach celowo, a co więcej powinniśmy odrzucać złe myśli od razu, kiedy się pojawiają.

Nie możemy uczestniczyć w czymś, co złe. W 2 Jana 1,10-11 czytamy: „Jeśli ktoś przychodzi do was i tej nauki nie przynosi, nie przyjmujcie go do domu i nie pozdrawiajcie go, albowiem kto go pozdrawia, staje się współuczestnikiem jego złych czynów". Bóg radzi nam, abyśmy unikali zła i nie przyjmowali go.

Ludzie dziedziczą grzeszną naturę od rodziców. Kiedy żyjemy na tym świecie, mamy do czynienia z ogromem fałszu. W oparciu o grzeszną naturę i fałsz, człowiek rozwija swój charakter. Życie chrześcijańskie to odrzucenie grzesznej natury i fałszu w chwili, gdy przyjmujemy Pana. Aby odrzucić grzeszną naturę i fałsz, musimy mieć cierpliwość i starać się o to. Ponieważ żyjemy na tym świecie, znamy więcej fałszu niż prawdy. Łatwiej przyjmować fałsz niż go odrzucić. Na przykład, łatwiej jest zaplamić białą sukienkę czarnym tuszem niż usunąć plamę i całkowicie ją wybielić.

Nawet jeśli coś wydaje się małym złem, może przerodzić się w coś wielkiego w jednej chwili. W Gal. 5,9 czytamy: „Trochę kwasu ma moc zakwasić całe ciasto". Trochę zła może szybko się rozprzestrzenić, dlatego musimy być ostrożni, myśląc, że coś jest niewielkim złem. Aby nie myśleć o tym, co złe, musimy nienawidzić zła. Bóg nakazuje nam w Ks. Przysł. 8,13: „Bojaźnią Pańską – zła nienawidzić", a w Ps. 97,10: „Pan miłuje tych, co zła nienawidzą, On strzeże życia swoich świętych, wyrywa ich z ręki grzeszników".

Jeśli kogoś kochamy, mamy podobne upodobania. Nie musimy mieć ku temu konkretnego powodu. Kiedy dzieci Boże, które mają Ducha Świętego, popełniają grzechy, Duch Święty smuci się. Więc w ich sercach pojawia się cierpienie. Wtedy uświadamiają sobie, że Bóg nienawidzi tego, co uczynili i starają się, by ponownie nie popełnić grzechu. Ważne jest, aby odrzucić nawet niewielkie zło i nie przyjmować go w swoim życiu.

Słowo Boże i modlitwa

Zło jest czymś całkowicie bezużytecznym. W Ks. Przysł. 22,8 czytamy: „Kto sieje zło, zbiera nieszczęście, kij jego gniewu przepadnie". Mogą przyjść na nas lub nasze dzieci choroby lub może dojść do różnych wypadków. Możemy żyć w smutku ze względu na ubóstwo i problemy rodzinne. Wszystkie te problemy są wynikiem zła.

Nie łudźcie się: Bóg nie dozwoli z siebie szydzić. A co człowiek sieje, to i żąć będzie (Gal. 6,7-8).

Oczywiście, problemy nie muszą pojawić się od razu przed naszymi oczyma. W takim przypadku, kiedy zło gromadzi się, może wywołać problemy, które staną się widoczne w późniejszym czasie. Ponieważ ludzie nie rozumieją tego, czynią zło na różne sposoby.

Na przykład, uważają zemstę za coś normalnego, kiedy ktoś zrobi im krzywdę. Jednak w Ks. Przysł. 20,22 czytamy: „Nie mów: Za zło się odpłacę. Zdaj się na Pana: On cię wybawi".

Bóg kontroluje życie, śmierć, szczęście i nieszczęście rodzaju ludzkiego według swojej sprawiedliwości, dlatego jeśli postępujemy dobrze zgodnie ze Słowem Bożym, z pewnością będziemy zbierać dobre owoce. Jak Bóg obiecał w Ks. Wyjścia 20,6: „Okazuję zaś łaskę aż do tysiącznego pokolenia tym, którzy Mnie miłują i przestrzegają moich przykazań".

Aby unikać zła, musimy go nienawidzić. Przede wszystkim,

musimy pamiętać o dwóch kwestiach – Słowie Bożym i modlitwie. Kiedy rozmyślamy nad Słowem Bożym w dzień i w nocy, odrzucamy złe myśli i mamy dobre duchowe myśli. Jesteśmy wtedy w stanie zrozumieć, czym są czyny prawdziwej miłości.

Kiedy się modlimy, rozmyślamy nad Słowem Bożym, więc możemy sobie uświadomić, że zło jest w naszych słowach i czynach. Kiedy modlimy się gorliwie, dzięki pomocy Ducha Świętego, możemy pokonać zło i odrzucić je z naszego serca. Odrzućmy z naszych serc zło dzięki Słowu Bożemu i módlmy się, aby nasze życie było szczęśliwe.

10. Miłość nie raduje się z niesprawiedliwości

Im bardziej rozwinięte społeczeństwo, tym większa szansa na sukces człowieka uczciwego. Natomiast, w słabiej rozwiniętych krajach jest wiele korupcji i wszystko można zyskać dzięki pieniądzom. Korupcja nazywana jest chorobą narodów, dlatego że odnosi się do bogactwa danego kraju. Korupcja i niesprawiedliwość mają wpływ na życie pojedynczych ludzi w znacznym stopniu. Egoistyczni ludzie nie są w stanie zyskać zadowolenia, ponieważ myślą tylko o sobie i nie potrafią okazać miłości.

Nieradowanie się z niesprawiedliwości i niepamiętanie o złym są całkiem podobne. Niepamiętanie o złym oznacza, iż udało nam się pozbyć zła z naszego serca. Nieradowanie się z niesprawiedliwości oznacza to, że nie cieszymy się z czegoś, co przynosi wstyd, ze złych zachowań i czynów, oraz że nie bierzemy w nich udziału.

Przypuśćmy, że zazdrościsz przyjacielowi, który jest bogaty. Nie lubisz go, ponieważ wydaje się, że przechwala się swoim bogactwem. Myślisz sobie: „Jest bogaty, a ja? Mam nadzieję, że zbankrutuje". To są złe myśli. Jednak pewnego dnia okazuje się, że ktoś go oszukał, a jego firma zbankrutowała. Jeśli cieszysz się w tego myśląc: „Chwalił się, to ma", oznacza to, że radujesz się z niesprawiedliwości. Co więcej, jeśli uczestniczysz takich działania, również radujesz się z niesprawiedliwości.

Niesprawiedliwość możemy rozumieć ogólnie tak, jak

postrzegają ją ludzie niewierzący. Na przykład, niektórzy ludzie nieuczciwie gromadzą bogactwo, oszukując innych i grożąc im. Niektórzy łamią prawo i przyjmują łapówki dla własnych korzyści. Jeśli sędzia wydaje niesprawiedliwy wyrok po otrzymaniu łapówki, a niewinny człowiek zostaje ukarany, jest to niesprawiedliwość, którą zauważają wszyscy. Jest to nadużywanie władzy przez sędziego. Kiedy ktoś coś sprzedaje, może oszukiwać z ilością lub jakością. Może używać tanich niskiej jakości tworzyw, aby mieć większe zyski. Nie myśli o innych, a tylko o sobie. Wie, co jest właściwe, ale nie waha się, oszukując innych, ponieważ cieszy się ze swoich nieuczciwie zarobionych pieniędzy. Jest wiele ludzi, którzy oszukują innych dla własnych zysków. Co z nami? Czy jesteśmy porządku?

Przypuśćmy, że stała się następująca rzecz. Jesteś pracownikiem cywilnym i dowiedziałeś się, że twoi bliscy przyjaciele nielegalnie zarabiają pieniądze. Jeśli zostaną złapani, otrzymają karę. Przyjaciele dają ci dużą sumę pieniędzy, abyś nic nie mówił i zignorował sytuację. Obiecuje dać jeszcze więcej. W tym samym czasie twoja rodzina ma trudności i potrzebujecie pieniędzy. Co być zrobił?

Wyobraźmy sobie inną sytuację. Pewnego dnia sprawdzasz swoje konto bankowe i masz tam więcej pieniędzy niż powinieneś. Okazało się, że kwota, która powinna zostać pobrana jako podatek nie została pobrana. Jak byś się zachował? Czy cieszyłbyś się z błędu, który nie leżał po twojej stronie?

W 2 Kron. 19,7 czytamy: „Teraz zaś niech wami owładnie bojaźń Pańska. Uważajcie więc, co czynicie, nie ma bowiem u Pana, Boga naszego, niesprawiedliwości, stronniczości i przekupstwa". Bóg jest sprawiedliwy i nie ma w Nim niesprawiedliwości. Możemy ukryć pewne rzeczy przed ludźmi, ale Boga nie można oszukać. Dlatego, jeśli boimy się Boga, musimy postępować uczciwie. Przyjrzyj się postępowaniu Abrahama. Kiedy jego bratanek w Sodomie został pojmany, Abraham odbił Lota i innych ludzi oraz ich majątek. Król Sodomy chciał okazać wdzięczność, oddając Abrahamowi część rzeczy, które udało mu się odbić, lecz Abraham ich nie przyjął.

Ale Abram odpowiedział królowi Sodomy: Przysięgam na Pana, Boga Najwyższego, Stwórcę nieba i ziemi, że ani nitki, ani rzemyka od sandała, ani niczego nie wezmę z tego, co do ciebie należy, żebyś potem nie mówił: To ja wzbogaciłem Abrama (Ks. Rodz. 14,22-23).

Kiedy żona Abrama, Sara umarła, właściciel ziemi zaproponował pochówek na swojej ziemi, jednak Abraham nie przyjął. Zapłacił odpowiednią cenę. Nie chciał, aby w przyszłości pojawiły się jakiekolwiek nieporozumienia. Postąpił w taki sposób, ponieważ był uczciwym człowiekiem. Nie chciał otrzymać czegoś, co mu się nie należało lub było niewłaściwym zyskiem. Gdyby dbał tylko o pieniądze, postępowałby tak, by zyskać to, co było dla niego korzystne.

Ci, którzy kochają Boga i których kocha Bóg nigdy nie będą

krzywdzić innych ludzi ani szukać własnych korzyści, postępując niezgodnie z prawem. Nie będą oczekiwać niczego więcej niż to, na co zasługują dzięki uczciwej pracy. Ludzie, którzy radują się z niesprawiedliwości nie kochają ani Boga ani bliźnich.

Niesprawiedliwość w oczach Bożych

Niesprawiedliwość w oczach Boga jest czymś innym niż powszechnie postrzegana niesprawiedliwość. Dotyczy nie tylko przestępowania prawa i powodowania szkody innych, ale również grzechów przeciwko Słowu Bożemu. Kiedy zło w sercu przybiera konkretną postać, jest grzechem i niesprawiedliwością.

Wśród wielu grzechów, niesprawiedliwość odnosi się do czynów cielesnych. Obejmuje nienawiść, zazdrość i inne zło w sercu, ukazane w czynach, jak kłótnie, przemoc czy morderstwa. Biblia mówi nam, że jeśli postępujemy niesprawiedliwie, trudno będzie nam osiągnąć zbawienie.

1 Kor. 6,9-10 mówi: „Czyż nie wiecie, że niesprawiedliwi nie posiądą królestwa Bożego? Nie łudźcie się! Ani rozpustnicy, ani bałwochwalcy, ani cudzołożnicy, ani rozwięźli, ani mężczyźni współżyjący z sobą, ani złodzieje, ani chciwi, ani pijacy, ani oszczercy, ani zdziercy nie odziedziczą królestwa Bożego".

Achan był jednym z ludzi, którzy ukochali niesprawiedliwość, która doprowadziła do zniszczenia. Należał do drugiego pokolenia po wyjściu z Egiptu i od dzieciństwa widział i słyszał o tym, co Bóg czynił dla ludu. Widział słup obłoku w dzień i słup ognia w nocy, który ich prowadził. Widział, jak rozstąpiła się rzeka Jordan oraz jak upadło Jerycho. Wiedział dobrze, że Jozue zabronił brać cokolwiek z Jerycha, ponieważ wszystko miało być złożone na ofiarę Bogu. Jednak kiedy zobaczył bogactwa Jerycha, stracił rozum z powodu swojej chciwości. Ponieważ długo żył na pustyni to, co zobaczył w Jerycho wyglądało dla niego pięknie. Kiedy zobaczył piękne szaty, srebro i złoto, zapomniał o Słowie Bożym i rozkazie Jozuego, ukrywając dla siebie skarby.

Z powodu grzechu Achana poprzez pogwałcenie przykazania Bożego, Izrael poniósł wiele strat w kolejnej bitwie. Z powodu tych strat niesprawiedliwość Achana wyszła na jaw, a on i jego rodzina zostali ukamienowani. Miejsce to nazwano Doliną Achor.

Zajrzyjmy do 22-24 rozdziałów Ks. Liczb. Balaam był człowiekiem, który mógł komunikować się z Bogiem. Pewnego dnia Balak, król Moabu, poprosił go, aby przeklął naród izraelski. Bóg powiedział do Balaama: „Nie możesz iść z nimi i nie możesz tego ludu przeklinać, albowiem jest on błogosławiony" (Ks. Liczb 22,12).

Po wysłuchaniu słowa Bożego Balaam odmówił prośbie króla Moabu, jednak król wysłał do niego ponownie złoto i srebro oraz wiele skarbów, a wtedy jego postanowienie zachwiało się. W końcu jego oczy zaślepiła pożądliwość i powiedział królowi, jak ma zastawić pułapkę na lud izraelski. Jaki był tego skutek? Synowie Izraela zjedli pokarmy poświęcone bożkom i popełnili cudzołóstwo, sprowadzając na siebie doświadczenia, a Balaam został w końcu zabity mieczem. Taki był skutek chciwości.

Niesprawiedliwość jest bezpośrednio związana ze zbawienie w oczach Boga. Jeśli widzimy, że bracia i siostry w wierze postępują niesprawiedliwie jak ludzie niewierzący w tym świecie, co powinniśmy uczynić? Oczywiście powinniśmy modlić się za nimi i pomóc im wrócić na ścieżkę zgodną ze Słowem. Jednak niektórzy ludzie wierzący zazdroszczą takim ludziom i myślą: „Też chciałbym mieć łatwiejsze i wygodniejsze życie". Co więcej, jeśli uczestniczymy w grzechu wraz z nimi, nie możemy powiedzieć, że kochamy Pana.

Niewinny Jezus zmarł, aby połączyć nas niesprawiedliwych z Bogiem (1 Piotra 3,18). Kiedy uświadomimy sobie wielką miłość naszego Pana, nie będziemy mieć radości z niesprawiedliwości, lecz będziemy postępować zgodnie ze Słowem Boga. Dzięki temu będziemy mogli być przyjaciółmi Jezusa i prowadzić dobre życie (Jan 15,14).

11. Miłość raduje się z prawdy

Jan, jeden z dwunastu apostołów Jezusa, został uratowany od śmierci i żył do późnego wieku, głosząc ewangelię Jezusa oraz wolę Boga wielu ludziom. Jedną z rzeczy, którą mógł się cieszyć aż do końca, było to, iż wiedział, że są ludzie wierzący, którzy pragną żyć zgodnie ze Słowem Bożym i prawdą.

W 3 Jana 1,3-4 powiedział: „Ucieszyłem się bardzo z przybycia braci, którzy zaświadczyli o prawdzie twego /życia/, bo ty istotnie postępujesz zgodnie z prawdą. Nie znam większej radości nad tę, kiedy słyszę, że dzieci moje postępują zgodnie z prawdą".

Widzimy tutaj, jak wiele dawało mu to radości. Kiedyś był porywczym człowiekiem, nazywanym nawet „synem gromu", lecz zmienił się i został nazwany apostołem miłości.

Jeśli kochamy Boga, nie będziemy praktykować niesprawiedliwości; co więcej, będziemy żyć zgodnie z prawdą. Będziemy radować się prawdą, która odnosi się do Jezusa, do ewangelii oraz do wszystkich 66 ksiąg biblijnych. Ci, którzy kochają Boga będą radować się Chrystusem i Jego ewangelią. Będą radować się Bożym królestwem. Co oznacza radowanie się prawdą?

Po pierwsze, należy radować się z ewangelii

Ewangelia jest dobrą nowiną i mówi o tym, że zostaliśmy zbawieni przez Jezusa i możemy iść do królestwa niebieskiego. Wielu ludzi poszukuje prawdy i zadaje pytanie: „Jaki jest cel życia? Jaka jest jego wartość?". Aby otrzymać odpowiedzi na takie pytania, studiują różne ideologie czy filozofię lub poszukują w różnych religiach. Jednak prawdą jest Jezus Chrystus i nikt nie może trafić do nieba bez Niego. Dlatego Jezus powiedział w Jan 14,6: „Ja jestem drogą i prawdą, i życiem. Nikt nie przychodzi do Ojca inaczej jak tylko przeze Mnie".

Otrzymaliśmy zbawienie i życie wieczne, przyjmując Jezusa Chrystusa. Nasze grzechy zostają przebaczone dzięki Jego krwi, dlatego możemy zamieszkać w niebie i uniknąć piekła. Dzięki temu rozumiemy znaczenie i wartość życia, dlatego czymś naturalnym jest, byśmy radowali się ewangelią. Ludzie, którzy radują się ewangelię będą głosić ją innym. Będą wypełniać obowiązki i pracować dla Boga, by głosić dobrą nowinę. Ponadto, będą radować się, kiedy dusze usłyszą ewangelię i otrzymają zbawienie. Będą radować się, jeśli Boże królestwo powiększy się. „[Bóg] pragnie, by wszyscy ludzie zostali zbawieni i doszli do poznania prawdy" (1 Tym. 2,4).

Są ludzie wierzący, którzy zazdroszczą innym tego, że ewangelizują i przynoszą owoce. Niektóre kościoły zazdroszczą innym wzrostu i oddawania chwały Bogu. To nie jest radowanie się prawdą. Jeśli mamy miłość duchową w sercu, będziemy radować się, widząc, że królestwo Boże dopełnia się. Będziemy radować się, że kościół wzrasta dzięki mocy Bożej. To jest radowanie się prawdą i ewangelią.

Po drugie, radowanie się prawdą oznacza radowanie się wszystkim, co należy do prawdy

To radowanie się tym, co widzimy, słyszymy i czynimy, a co należy do prawdy, jak dobroć, miłość i sprawiedliwość. Ci, którzy radują się prawdą są poruszeni i płaczą, kiedy słyszą nawet o najmniejszych dobrych uczynkach. Wyznają, że Słowo Boże jest prawdą i jest słodsze niż miód nawet najwyborniejszy. Radują się, słuchając kazań i czytając Biblię. Ponadto, raduję się, praktykując Słowo Boże. Są posłuszni i pragną służyć, rozumieć i przebaczać tym, którzy uprzykrzają im życie.

Dawid kochał Boga i pragnął zbudować Mu świątynię. Jednak Bóg mu na to nie pozwolił. Powód został zapisany w 1 Kron. 28,3: „Nie zbudujesz domu dla imienia mego, bo jesteś mężem wojny i rozlewałeś krew". Dawid nie miał możliwości uniknąć przelewu krwi, ponieważ uczestniczył w wielu wojnach, a jednak Bóg uznał, że Dawid nie jest odpowiednią osobą, by wykonać to zadanie.

Dawid nie mógł sam zbudować świątyni, ale przygotował wszystkie materiały, aby jego syn mógł podjąć dzieło. Dawid przygotował materiały i pracował z całych swoich sił, ponieważ dawało mu to ogrom szczęścia. „Lud radował się ze swych ofiar dobrowolnych, albowiem ze szczerego serca okazywali hojność w darach dla Pana; także król Dawid bardzo się radował" (1 Kron. 29,9).

Podobnie, ci, którzy radują się prawdą, będą radować się, kiedy innym będzie dobrze się układało. Nie będą zazdrośni. Nie będą pojawiać się w ich głowach złe myśli i nie będą nikomu źle życzyć lub radować się z czyjegoś nieszczęścia. Kiedy zauważą coś niesprawiedliwego, będą odczuwać żal z tego powodu. Ponadto, ci, którzy radują się prawdą będą w stanie kochać niezmiennie i trwale. Będą radować się dobrymi słowami i czynami. Bóg również będzie się radował z okrzykami radości: „Pan, twój Bóg jest pośród ciebie, Mocarz – On zbawi, uniesie się weselem nad tobą, odnowi swą miłość, wzniesie okrzyk radości" (Sof. 3,17). Nawet jeśli nie potrafisz stale radować się prawdą, nie załamuj się ani nie czuj się rozczarowany. Jeśli postarasz się, Bóg miłości zauważy twoje wysiłki.

Po trzecie, radowanie się prawdą to wiara w Słowo Boże i praktykowanie go

Rzadko zdarza się spotkać osobę, która raduje się prawdą. Jeśli jest w nas ciemność i fałsz, myślimy o tym, co złe i radujemy się z niesprawiedliwości. Jednak kiedy zmieniamy się i odrzucamy fałsz z naszego serca, w pełni radujemy się w prawdy. Jednak aby osiągnąć taki stan, musimy włożyć w to wiele wysiłku.

Na przykład, nie każdy czuje się szczęśliwy, uczęszczając w nabożeństwach. W przypadku nowo nawróconych ludzi lub ludzi słabych w wierze, może pojawić się zmęczenie lub rozproszenie myśli. Mogą myśleć o wynikach sportowych lub stresować się spotkaniem w interesach.

Jednak przychodzenie do kościoła i uczestnictwo w nabożeństwach jest wysiłkiem, który wkładamy w to, by być posłusznymi Słowu Boga. To jest radowanie się prawdą. Po co mamy to w ogóle czynić? Po to, by otrzymać zbawienie i trafić do nieba. Ponieważ słuchamy słowa prawdy i wierzymy w Boga, wiemy, że jest sąd, niebo i piekło. Ponieważ wiemy, że w niebie czekają na nas różne nagrody, możemy starać się gorliwie, by osiągnąć uświęcenie i pracować wiernie dla domu Bożego. Mimo, że być może nie radujemy się prawdą w 100%, jeśli staramy się gorliwie, by budować naszą wiarę, prowadzi nas to do radowania się prawdą.

Głód prawdy

Radowanie się prawdą powinno być dla nas naturalne. Tylko prawda daje nam życie wieczne i może nas zmienić. Jeśli słuchamy prawdy i ewangelii oraz praktykujemy ją w naszym codziennym życiu, zyskamy życie wieczne i staniemy się prawdziwymi dziećmi Bożymi. Ponieważ wypełnia nas nadzieja królestwa Bożego i duchowej miłości, nasze oblicze jaśnieje radością. Ponadto, jeśli zmieniamy się dzięki prawdzie, będziemy szczęśliwi, odczuwają miłość i błogosławieństwa Boże, jak również miłość innych ludzi.

Powinniśmy radować się prawdą w każdym czasie i mieć głód prawdy. Jeśli jesteśmy głodni i spragnieni, szukamy pożywienia i picia. Kiedy pragniemy prawdy, będziemy gorliwie jej szukać aż zmienimy się w ludzi pełnych prawdy. Musimy poszukiwać prawdy, jakby była źródłem życia. Co oznacza karmienie się prawdą? To zachowywanie Słowa Bożego jako prawdy w naszych sercach i praktykowanie go.

Jeśli stoimy przed kimś, kogo bardzo kochamy, trudno jest ukryć radość. Tak samo jeśli kochamy Boga. Teraz nie jesteśmy w stanie stanąć przed Bogiem twarzą w twarz, ale jeśli naprawdę Go kochamy, będzie to widoczne na zewnątrz. Jeśli słuchamy prawdy, czujemy się szczęśliwi. Na naszych twarzach wypisane jest szczęście widoczna dla ludzi wokół nas. Łzy dziękczynienia popłyną po naszej twarzy z wdzięczności Bogu, a nasze serca będą poruszone nawet najmniejszymi uczynkami dobroci. Łzy dobroci, łzy dziękczynienia i łzy współczucia są pięknymi klejnotami, które otrzymamy w nagrodę w Bożym królestwie. Radujmy się prawdą, aby nasze życie było dowodem miłości Bożej.

Cechy duchowej miłości II

6. Nie postępuje nieprzystojnie
7. Nie szuka swego
8. Nie daje się sprowokować
9. Nie pamięta złego
10. Nie raduje się z niesprawiedliwości
11. Raduje się z prawdy

12. Miłość wszystko znosi

Kiedy przyjmujemy Jezusa i staramy się żyć zgodnie z Jego słowem, jest wiele rzeczy, które będziemy musieli znosić. Musimy znosić prowokacje. Musimy ćwiczyć samokontrolę i tendencję do podążania za naszymi pragnieniami. Dlatego cierpliwość jest jedną z pierwszych cech miłości.

Cierpliwość jest walką, jaką musimy stoczyć sami ze sobą, by odrzucić fałsz z naszego serca. Znoszenie wszystkiego ma szersze znaczenie. Jeśli pielęgnujemy prawdę w naszym sercu dzięki sprawiedliwości, musimy znosić ból, który może pojawić się z winy innych ludzi. W szczególności, musimy znosić wszystko, co nie jest zgodne z miłością duchową.

Jezus przyszedł na tę ziemię, by zbawić grzeszników, a jak ludzie Go potraktowali? Czynił tylko to, co dobre, a ludzi wyśmiewali Go, zaniedbywali i poniżali, aż w końcu Go ukrzyżowali. Jezus jednak znosił to wszystko i modlił się za nimi nieustannie. Modlił się, mówiąc: „Ojcze, przebacz im, bo nie wiedzą, co czynią" (Łuk. 23,34).

Jaki był skutek tego, że Jezus wszystko znosił i kochał ludzi? Każdy, kto przyjął Jezusa jako swojego Zbawiciela może otrzymać zbawienie i stać się dzieckiem Bożym. Zostaliśmy uwolnieni od śmierci i możemy otrzymać życie wieczne.

Pewne przysłowie koreańskie mówi: „Zeszlifuj siekierę, a otrzymasz igłę". Oznacza to cierpliwość i wytrzymałość, dzięki którym uda nam się osiągnąć każdy cel. Jak wiele czasu i wysiłki potrzebne jest, aby z siekiery wyszlifować ostrą igłę? Wydaje się to zadaniem niemożliwym. Można przecież sprzedać siekierę i kupić igłę? Jednak Bóg pragnie, abyśmy podjęli wyzwanie, ponieważ chce kształtować naszego ducha. Bóg nie jest skory do gniewu i zawsze znosi nas, okazując łaskę i miłosierdzie, ponieważ nas kocha. On szlifuje ludzi, nawet jeśli ich serca są twarde jak stal. Czeka, aby każdy stał się Jego dzieckiem, nawet jeśli człowiek jest tak uparty, iż mało prawdopodobne wydaje się to, by stał się dzieckiem Bożym.

Trzciny zgniecionej nie złamie ani knota tlejącego nie dogasi, aż zwycięsko sąd przeprowadzi (Mat. 12,20).

Nawet w dzisiejszych czasach Bóg znosi ból, kiedy patrzy na czyny ludzkie i czeka na nas z radością. On okazuje ludziom cierpliwość, czekając aż się zmienią, nawet jeśli postępują źle już od tysięcy lat. Mimo, iż ludzie odwrócili się od Boga i służyli bożkom, Bóg okazał im, że jest prawdą i znosił ich. Gdyby Bóg powiedział: "Jesteś niesprawiedliwy i beznadziejny. Nie mogę cię znieść", ilu ludzi byłoby zbawionych?

W Jer. 31,3 czytamy: „Pan się mu ukaże z daleka: Ukochałem cię odwieczną miłością, dlatego też zachowałem dla ciebie łaskawość", Bóg prowadzi nas niekończącą się, wieczną miłością.

W czasie mojej służby pastorskiej, do pewnego stopnia otrzymałem zrozumienie cierpliwości Bożej. Jest wielu ludzi, którzy ma wiele wad i niedociągnięć, jednak Bóg w swojej miłości patrzy na nich, wierząc, że pewnego dnia się zmienią i oddadzą chwałę Bogu. Podobnie ja, kiedy okazywałem ludziom cierpliwość, wierząc w nich, mogłem obserwować jak wielu członków kościoła stało się przywódcami. Za każdym razem zapominałem, że czasami proces doskonalenia trwał długo. W 1 Piotra 3,8 napisano: „Na koniec zaś bądźcie wszyscy jednomyślni, współczujący, pełni braterskiej miłości, miłosierni, pokorni". Rozumiem teraz, co oznacza ten tekst. Bóg znosi wszystko, ponieważ długi czas dla Niego jest jak chwila. Musimy uświadomić sobie, że miłość Bożą dotyczy każdego z nas.

13. Miłość wszystkiemu wierzy

Jeśli naprawdę kogoś kochamy, wierzymy w tę osobę. Nawet jeśli inni widzą jej wady, my nadal wierzymy. Mąż i żona są połączeni miłością. Jeśli w małżeństwie nie ma miłości, oznacza to, że nie ufają sobie, kłócą się i wątpią w siebie. W poważnych sytuacjach wątpią w swoją wierność i sprawiają sobie ból fizyczny lub emocjonalny. Jeśli naprawdę się kochają, ufają sobie całkowicie, wierząc, że małżonek jest dobrą osobą. Dzięki temu małżonkowie rozwijają się i osiągają doskonałość.

Zaufanie i wiara mogą być standardem miary siły miłości. Dlatego wiara w Boga to miłość do Niego. Abraham bez wahania okazał posłuszeństwo rozkazowi Bożemu, kiedy Bóg nakazał mu złożyć swojego syna w ofierze. Był w stanie to zrobić, ponieważ całkowicie ufał Bogu. Bóg widział jego wiarę i uznał jego miłość.

Miłość to wiara. Ci, którzy całkowicie kochają Boga, wierzą Mu. Wierzą Jego słowu w 100%, a ponieważ wierzą, potrafią wszystko znosić. Aby znosić wszystko, co nie jest zgodne z miłością, musimy wierzyć. Tylko jeśli wierzymy słowu Bożemu, mamy nadzieję i oczyszczamy nasze serca, by odrzucić wszystko, co złe.

Oczywiście, to, że wierzymy w Boga nie oznacza od razu, że kochamy Go. Bóg najpierw nas ukochał, a jeśli w to wierzymy, przychodzimy do Niego. Skąd wiemy, że Bóg nas ukochał? On oddał swojego Syna za nas grzeszników, by otworzyć nam drogę zbawienia.

Najpierw, przychodzimy do Boga, wierząc w zbawienie, jednak jeśli pielęgnujemy miłość duchową, osiągniemy poziom, kiedy uwierzymy całkowicie, ponieważ kochamy Go. Aby pielęgnować miłość duchową, musimy odrzucić fałsz z naszego serca. Jeśli nie ma w nas fałszu, otrzymamy wiarę duchową z góry, dzięki której będziemy w stanie wierzyć z głębi serca. Wtedy nigdy nie zwątpimy w Słowo Boże, a nasze zaufanie do Boga nie zachwieje się. Jeśli pielęgnujemy miłość duchową, będziemy wierzyć w ludzi, nie dlatego, że są godni zaufania, ale pomimo ich wad i słabości, będziemy patrzeć na nich z wiarą.

Powinniśmy wierzyć w ludzi. Musimy również wierzyć w siebie. Nawet jeśli dostrzegamy swoje wady, musimy wierzyć, że Bóg może nas zmienić i patrzeć na siebie oczami wiary. Duch Święty mówi nam: „Możesz to zrobić. Pomogę ci". Jeśli wierzysz w miłość i wyznajesz: „Poradzę sobie. Mogę się zmienić", wtedy Bóg zmieni nas zgodnie z naszym wyznaniem i wiarą. Jakże cudownie jest wierzyć.

Bóg wierzy w nas. Wierzy, że każdy z nas może poznać miłość Bożą i kroczyć drogą zbawienia. Ponieważ patrzy na nas oczami wiary, poświęcił swojego Syna za nasze grzechy. Bóg wierzy, że nawet ci, którzy nie znają ani nie wierzą jeszcze w Boga, mogą zostać zbawieni i zamieszkać przy Bogu. On wierzy, że ci, którzy przyjęli Pana zmienią się i staną się Jego dziećmi. My również powinniśmy wierzyć w innych dzięki miłości Bożej.

14. Miłość pokłada we wszystkim nadzieję

Mówi się, że poniższe słowa wypisane są na jednym z kamieni w Katedrze Westminster Abbey w Wielkiej Brytanii: „W czasach mojej młodości, chciałem zmienić świat, ale mi się nie udało. Kiedy dorosłem, próbowałem zmienić moją rodzinę, ale mi się nie udało. Dopiero w obliczu śmierci uświadomiłem sobie, że uda mi się zmienić to wszystko tylko, jeśli zmienię samego siebie".

Zazwyczaj ludzie próbują zmienić innych, jeśli coś im się w nich nie podoba. Jednak zazwyczaj zmiana innych ludzi nie jest możliwa. Niektóre małżeństwa kłócą się o banalne rzeczy, jak na przykład wyciskanie pasty do zębów. Powinniśmy najpierw zmienić siebie zanim będziemy próbować zmieniać innych. Dzięki miłości możemy czekać aż inni się zmienią, mają na to nadzieję.

Mieć nadzieję na wszystko to tęsknić i czekać na wszystko, w co wierzymy, że może się spełnić. Jeśli kochamy Boga, będziemy wierzyć w każde Jego Słowo i mieć nadzieję, że wszystkie będzie działo się zgodnie ze Słowem Bożym. Możemy mieć nadzieję na to, że nadejdzie dzień, kiedy będziemy dzielić miłość z Bogiem Ojcem w królestwie niebieskim. Dlatego powinniśmy wszystko znosić i biec w biegu wiary. Jednak, jak wyglądałoby życie bez nadziei?

Ludzie, którzy nie wierzą w Boga, nie mogą mieć nadziei na królestwo Boże. Dlatego żyją zgodnie ze swoimi pragnieniami i nie mają nadziei na przyszłość. Próbują zyskać rzeczy materialne i walczą, by zaspokoić swoja chciwość. Jednak bez względu na to, ile mają, nie są w stanie osiągnąć prawdziwego zadowolenia. Żyją życiem, bojąc się o przyszłość.

Z drugiej strony, ci, którzy wierzą w Boga, mają nadzieję na wszystko, więc mogą kroczyć wąską ścieżką. Dlaczego? W oczach niewierzących taka droga może być wąska. Kiedy akceptujemy Jezusa i stajemy się Jego dziećmi, spędzamy czas w kościele i uczęszczamy na nabożeństwa, a nie poświęcamy czasu na świecie przyjemności. Pracujemy dla Boga i modlimy się, żyjąc zgodnie ze Słowem Bożym. Nie da się tego uczynić bez wiary, dlatego mówimy, iż kroczymy wąską ścieżką.

W 1 Kor. 15,19 apostoł Paweł mówi: „Jeżeli tylko w tym życiu w Chrystusie nadzieję pokładamy, jesteśmy bardziej od wszystkich ludzi godni politowania". Z perspektywy cielesnej ciężka praca wydaje się ciężarem. Jednak jeśli mamy nadzieję na wszystko, czujemy się szczęśliwi. Jeśli jesteśmy z ludźmi, których kochamy, będziemy szczęśliwi nawet w chatce. Sama myśl o tym, że zamieszkamy z Bogiem w niebie, daje ogrom szczęścia! Możemy czuć się podekscytowani i szczęśliwi, myśląc o tym. Dzięki prawdziwej miłości, będziemy czekać i mieć nadzieję, aż to się spełni.

Oczekiwanie z wiarą ma olbrzymią moc. Na przykład, przypuśćmy, że jedno z twoich dzieci nie chce się uczyć. Jeśli w niego wierzymy i zachęcamy słowami, patrząc z nadzieją, że może zmienić zdanie, po jakimś czasie, może zmienić się na lepsze. Wiara rodziców w dzieci prowadzi do poprawy i wiary w siebie. Dzieci, które mają wiarę w siebie, wierzą, iż mogą wiele osiągnąć; będą w stanie pokonać trudności i będzie to miało wpływ na ich oceny.

Tak samo jeśli opiekujemy się ludźmi w kościele. Nie możemy wyciągać pochopnych wniosków. Nie powinniśmy dać się zniechęcić, nawet jeśli jakaś osoba ma trudności, by się zmienić. Musimy patrzeć na ludzi oczami pełnymi nadziei, wierząc, że zmienią się dzięki miłości Bożej. Musimy modlić się za nich i zachęcać ich słowa: „Wiem, że dasz radę".

15. Miłość wszystko znosi

W 1 Kor. 13,7 czytamy: "Wszystko znosi, wszystkiemu wierzy, we wszystkim pokłada nadzieję, wszystko przetrzyma". Jeśli kochamy, jesteśmy w stanie znieść wszystko. Co to znaczy? Możemy znieść wszystko dzięki miłości. Jeśli wiatr wieje na jeziorem lub morzem, pojawią się fale. Nawet jeśli wiatr się uspokaja, woda nadal jest poruszona. Nawet jeśli znosimy wszystko, musimy być gotowi na pewne konsekwencje.

Na przykład, w Ew. Mat. 5,39 Jezus powiedział: "A Ja wam powiadam: Nie stawiajcie oporu złemu. Lecz jeśli cię kto uderzy w prawy policzek, nadstaw mu i drugi!". Jak napisano, nawet jeśli ktoś uderzy nas w policzek, powinniśmy wytrzymać, a nie oddawać. Czy to wszystko? Oczywiście, skutkiem będzie ból, jednak ból serca może być silniejszy. Oczywiście istnieją różne powody cierpienia. Niektórzy cierpią, ponieważ ktoś uderzył ich bez przyczyny lub rozgniewał ich. Jednak inni cierpią, ponieważ rozgniewali kogoś innego. Innym jest przykro, kiedy widzą, jak ktoś zachowuje się porywczo i nie potrafią wyrazi gniewu w sposób konstruktywny, lecz poprzez agresję.

Konsekwencje mogą obejmować również okoliczności zewnętrzne. Na przykład, ktoś uderzył nas w policzek, więc nadstawiamy drugi zgodnie ze Słowem Bożym. Wtedy ta osoba uderza nas również w drugi policzek, a my znosimy wszystko zgodnie ze Słowem Boga, lecz sytuacja może pogorszyć się jeszcze bardziej.

Tak było w przypadku Daniela. Nie poszedł na kompromis mimo, że wiedział, że zostanie wrzucony do lwiej jamy. Ponieważ kochał Boga, nigdy nie przestał się modlić pomimo zagrożenia życia. Ponadto, nie zachowywał się niewłaściwie w stosunku do ludzi, którzy chcieli go zabić. Czy wszystko zmieniło się na lepsze zgodnie ze Słowem Bożym? Nie. Rzeczywiście został wrzucony do lwiej jamy.

Może nam się wydawać, że próby powinny się skończyć, jeśli znosimy wszystko zgodnie z miłością. Dlaczego próby nadal trwają? Są one opatrznością Bożą i mają nas doskonalić oraz dać nam błogosławieństwa. Pola wydadzą zdrowy owoc, jeśli znoszą deszcz, wiatr i słońca. Opatrzność Bożą również dotyka Jego dzieci doświadczeniami.

Próby są błogosławieństwem

Wróg szatan zakłóca życie dzieci Bożych, kiedy pragną mieszkać w światłości. Szatan zawsze stara się znaleźć sposób, by oskarżać dzieci Boże, a jeśli znajduje u nich słabości, wytyka je. Kiedy ktoś postępuje niewłaściwie i udaje ci się znieść to zewnętrznie, jednak w środku walczysz ze złymi emocjami, szatan będzie oskarżał cię, iż masz złe uczucia. Bóg musi dopuścić na nas próby. Dopóki mamy w sercu zło, próby będą pojawiać się, aby nas oczyścić. Oczywiście, kiedy odrzucimy grzech i będziemy uświęceni, próby również mogą się pojawić. Próby są błogosławieństwem. Dzięki nim, wiemy, że nie ma w nasz zła, ale również pielęgnujemy miłość duchową i doskonalimy dobroć.

Chodzi tutaj nie tylko o osobiste błogosławieństwa; taka sama zasada ma zastosowanie, jeśli pragniemy osiągnąć Boże królestwo. Aby Bóg pokazał swoją moc, sprawiedliwość musi się wypełnić. Pokazując wiarę i uczynki miłości, udowadniamy, że jesteśmy naczyniem, które Bóg może użyć, a szatan nie może się temu sprzeciwiać.

Bóg dopuszcza na nas próby. Jeśli znosimy je z miłością i dobrocią, Bóg pozwala nam oddawać sobie cześć i obiecuje nam nagrody. Jeśli zwyciężymy w prześladowaniach i trudnościach, jakie znosimy dla Boga, z pewnością otrzymamy błogosławieństwa. "Błogosławieni jesteście, gdy /ludzie/ wam urągają i prześladują was, i gdy z mego powodu mówią kłamliwie wszystko złe na was. Cieszcie się i radujcie, albowiem wasza nagroda wielka jest w niebie. Tak bowiem prześladowali proroków, którzy byli przed wami" (Mat. 5,11-12).

Znosić, wierzyć i mieć nadzieję

Jeśli wierzymy we wszystko i mamy nadzieję dzięki miłości, będziemy w stanie zwyciężyć wszelkie próby. Jak powinniśmy wierzyć, mieć nadzieję i znosić wszystko?

Po pierwsze, musimy wierzyć w miłość Bożą aż do końca, nawet w obliczy doświadczeń

W 1 Piotra 1,7 czytamy: „Przez to wartość waszej wiary okaże się o wiele cenniejsza od zniszczalnego złota, które przecież próbuje się w ogniu, na sławę, chwałę i cześć przy objawieniu Jezusa Chrystusa". On oczyszcza nas, abyśmy mogli oddawać Mu cześć i chwałę naszym życiem na ziemi.

Ponadto, jeśli żyjemy zgodnie ze Słowem Bożym, nie idziemy na kompromis ze światem, a mimo to mogą pojawić się sytuacje, że będziemy musieli stawić czołu cierpieniu. Za każdym razem, musimy wierzyć w to, że Bóg opiekują się nami w swojej miłości. Zamiast zniechęcać się, będziemy wdzięczni Bogu, że prowadzi nas do swojego mieszkania w niebie. Ponadto, musimy wierzyć w miłość Bożą aż do końca, Ponieważ mogą pojawić się trudności i ból.

Jeśli ból jest straszny i trwa długo, możemy myśleć: „Dlaczego Bóg mi nie pomaga? Czy już mnie nie kocha?". Jednak w dzisiejszych czasach musimy pamiętać o miłości Bożej i znosić próby. Musimy wierzyć, iż Bóg Ojciec pragnie, abyśmy dążyli do naszego niebiańskiego mieszkania, ponieważ nas kocha. Jeśli wytrwamy, staniemy się doskonałymi dziećmi Bożymi. „Wytrwałość zaś winna być dziełem doskonałym, abyście byli doskonali, nienaganni, w niczym nie wykazując braków" (Jak. 1,4).

Po drugie, aby wszystko znieść musimy uwierzyć, że próby są skrótem do wypełnienia nadziei

Rzym. 5,3-4 mówi: „Ale nie tylko to, lecz chlubimy się także z ucisków, wiedząc, że ucisk wyrabia wytrwałość, a wytrwałość – wypróbowaną cnotę, wypróbowana cnota zaś – nadzieję". Prześladowania prowadzą do nadziei. Być może myślisz: „Kiedy w końcu uda mi się zmienić?", jednak potrzebny jest czas i wysiłek, by stać się prawdziwym dzieckiem Bożym.

Dlatego, kiedy nadchodzą przeciwności, nie powinniśmy ich unikać, ale przejść przez nie z wysiłkiem. Oczywiście to prawo natury i pragnienie człowieka, by wybierać najłatwiejszą drogę. Jednak jeśli spróbujemy uciec przez przeciwnościami, nasza podróż będzie o wiele dłuższa. Na przykład, jest osoba, która ciągle przysparza ci problemów. Nie okazujesz tego na zewnątrz, jednak nie czujesz się dobrze, kiedy ją spotykasz, dlatego wolisz jej unikać. W takiej sytuacji nie powinniśmy ignorować sytuacji, lecz pokonać ją. Musimy znieść trudności i pielęgnować prawdę oraz wybaczać. Bóg da nam wtedy łaskę i zmieni nasze serca. Podobnie, każda trudność będzie kolejnym krokiem ku wypełnieniu nadziei.

Po trzecie, aby wszystko znosić, musimy czynić to, co dobre

Kiedy stawiamy czoła konsekwencjom, nawet jeśli znosimy wszystko zgodnie ze Słowem Bożym, zazwyczaj ludzie zaczynają narzekać przeciwko Bogu. „Dlaczego sytuacja nie poprawia się mimo, że postępuję zgodnie ze Słowem Bożym?". Wszystkie próby wiary pochodzą od szatana, ponieważ są walką między dobre i złem.

Aby odnieść zwycięstwo w walce duchowej, musimy walczyć zgodnie z zasadami duchowej rzeczywistości. Według prawa duchowej rzeczywistości dobro w końcu zwycięża. W Rzym. 12,21 czytamy: „Nie daj się zwyciężyć złu, ale zło dobrem zwyciężaj". Jeśli postępujemy dobrze, może wydawać się, iż stawiamy czoła stracie, jednak jest odwrotnie. Jest tak, ponieważ sprawiedliwy i dobry Bóg kontroluje szczęście, nieszczęście, życie i śmierć. Dlatego kiedy pojawiają się próby i prześladowania, musimy postępować dobrze.

W niektórych przypadkach są ludzie wierzący, którzy stawiają czoła prześladowaniom ze strony ich niewierzących członków rodziny. W takiej sytuacji osobie wierzącej może się wydawać: „Ale próba będzie jest mocniejsza i dłuższa. Czym jest dobroć w takiej sytuacji? Musimy modlić się i służyć Panu. Musimy stać się światłością i jasno świecić.

Jeśli stale postępujesz dobrze, Bóg będzie działał we właściwym czasie. On odsunie szatana i poruszy serce twojej rodziny. Wszystkie problemy zostaną rozwiązane, jeśli postępujemy dobrze zgodnie z wolą Bożą. Najsilniejszą bronią w duchowej walce nie jest moc czy mądrość człowieka, lecz dobroć Boga. Dlatego, wytrzymajmy w dobroci i postępujmy dobrze.

Czy jest ktoś, kogo trudno ci znieść? Niektórzy ludzi popełniają błędy, szkodzą i utrudniają życie innym. Niektórzy ciągle narzekają i czepiają się drobnostek. Jednak jeśli pielęgnujemy prawdziwą miłość, nie będzie osoby, którą trudno będzie nam znieść. Będziemy kochać ludzi tak, jak powiedział Jezus (Mat. 22,39).

Bóg Ojciec rozumie nas i znosi wszystko z nami. Jeśli pielęgnujemy miłość, powinniśmy żyć jak perła. Kiedy obcy przedmiot, jak ziarenko piasku, glon lub cząsteczka muszli dostanie się do muszli, powstaje drogocenna perła. W ten sposób pielęgnuje się miłość duchową, dzięki której będziemy mogli wejść do Nowego Jeruzalem, gdzie znajduje się tron Boga.

Wyobraźcie sobie chwilę, kiedy będziemy przechodzić przez perłową bramę i będziemy wspominać przeszłość na ziemi. Powinniśmy być w stanie wyznać Bogu: „Dziękujemy za wiarę, nadzieję i znoszenie wszystkiego za nas", ponieważ to On ukształtował nasze serca jak piękne perły.

Cechy duchowej miłości III

12. Wszystko znosi

13. Wszystkiemu wierzy

14. We wszystkim pokłada nadzieję

15. Wszystko przetrzyma

Miłość doskonała

„Miłość nigdy nie ustaje, [nie jest] jak proroctwa, które się skończą, albo jak dar języków, który zniknie, lub jak wiedza, której zabraknie. Po części bowiem tylko poznajemy, po części prorokujemy. Gdy zaś przyjdzie to, co jest doskonałe, zniknie to, co jest tylko częściowe. Gdy byłem dzieckiem, mówiłem jak dziecko, czułem jak dziecko, myślałem jak dziecko. Kiedy zaś stałem się mężem, wyzbyłem się tego, co dziecięce. Teraz widzimy jakby w zwierciadle, niejasno; wtedy zaś [zobaczymy] twarzą w twarz: Teraz poznaję po części, wtedy zaś poznam tak, jak i zostałem poznany. Tak więc trwają wiara, nadzieja, miłość – te trzy: z nich zaś największa jest miłość"

1 Kor. 13,8-13

Gdyby była jedna rzecz, którą możesz wziąć do nieba, co by to było? Złoto? Diamenty? Pieniądze? Wszystkie te rzeczy nie będą miały w niebie wartości. W niebie, drogi będą ze złota. To, co Bóg przygotował dla nas w niebie jest piękne i drogocenne. Bóg rozumie nasze serca i przygotował wszystko starannie. Jednak jest jedna rzecz, którą możemy zabrać z ziemi, która będzie miała wartość w niebie. To miłość. Miłość pielęgnowana w naszych sercach, podczas naszego życia na ziemi.

Miłość potrzebna w niebie

Kiedy skończy się życie ludzkie na ziemi i trafimy do Bożego królestwa, wszystko na ziemi zniknie (Ap. 21,1). Ps. 103,15 mówi: „Dni człowieka są jak trawa; kwitnie jak kwiat na polu". Nawet tak cenne rzeczy jak bogactwo, sława i władza stracą znaczenie. Wszystkie grzechy i ciemność, nienawiść, kłótnie i zazdrość znikną.

W 1 Kor. 13,8-10 czytamy: „Miłość nigdy nie ustaje, [nie jest] jak proroctwa, które się skończą, albo jak dar języków, który zniknie, lub jak wiedza, której zabraknie. Po części bowiem tylko poznajemy, po części prorokujemy. Gdy zaś przyjdzie to, co jest doskonałe, zniknie to, co jest tylko częściowe".

Dar proroctwa, języków i wiedzy są rzeczami duchowymi, dlaczego więc nie będą miały już znaczenia? Niebo jest duchową rzeczywistością i miejscem doskonałym. W niebie będziemy wszystko wiedzieć. Nawet jeśli teraz potrafimy komunikować się z

Bogiem i prorokować, jest to zupełnie inne niż zrozumienie, które będzie nam dane w Bożym królestwie. Poznamy i zrozumiemy serce Boga Ojca i Pana, więc proroctwa nie będą już potrzebne. Tak samo z językami. Na ziemi jest wiele języków i rozmawiamy ze sobą tylko, jeśli nauczymy się ich. Ze względu na różnice kulturowe, potrzebujemy czasu i wysiłków, by dzielić się uczuciami i myślami. Nawet jeśli mówimy w tym samym języku, nie zawsze w pełni się rozumiemy. Nawet jeśli mówimy płynnie i elokwentnie, niełatwo jest zmienić serce mi myśli w 100%. Ze względu na słowa, może dochodzić do nieporozumień i kłótni. Pojawiają się również błędy.

Jednak kiedy trafimy do nieba, nie musimy się już tym martwić. W niebie będzie tylko jeden język. Nie musimy więc martwić się zrozumieniem, ponieważ dobre serce łatwo zostanie zauważone i nie będzie już nieporozumień ani uprzedzeń.

Podobnie z wiedzą. Wiedza odnosi się do znajomości Słowa Bożego. Kiedy żyjemy na ziemi, gorliwie uczymy się Słowa Bożego. Dzięki 66 księgom Biblii uczymy się, jak zyskać zbawienie i życie wieczne. Uczymy się o woli Boga, jednak jest to zaledwie jej cząstka, która jest nam potrzebna, byśmy mogli trafić do nieba.

Na przykład, często słyszymy i uczymy się słów: „Kochajcie się nawzajem", „Nie zazdrośćcie", itp. Jednak w niebie jest tylko miłość, więc taka wiedza nie będzie nam już potrzebna. Mimo, iż istnieją tam rzeczy duchowe, w końcu nawet proroctwa, języki i wiedza będą mogły zniknąć. Ponieważ potrzebne są tylko na ziemi w świecie fizycznym. Dlatego, ważne jest, aby znać Słowo prawdy i wiedzieć o niebie, jednak ważniejsze jest to, by pielęgnować miłość. Jeśli oczyścimy nasze serca i będziemy pielęgnować miłość, otrzymamy piękne mieszkanie w niebie.

Miłość pozostanie drogocenna na wieki

Przypomnijcie sobie, kiedy zakochaliście się po raz pierwszy. Jacy byliście szczęśliwi! Mówimy, że miłość zaślepia, ponieważ kiedy kogoś kochamy, widzimy tylko to, co dobre i wszystko wygląda pięknie. Promienie słońca są jaśniejsza niż zwykle, a powietrze piękniej pachnie. Wyniki badań pokazują, że są części w naszym mózgu odpowiedzialne za kontrolowanie negatywnych myśli. Stają się one mniej aktywne, kiedy człowiek jest zakochany. Tak samo, jeśli jesteśmy pełni Bożej miłości, jesteśmy szczęśliwi, nawet gdy nie mamy pożywienia. W niebie taka radość będzie trwała na wieki.

Nasze życie na ziemi jest jak życie dziecka w porównaniu do życia, jakie będziemy mieć w niebie. Dziecko, które zaczyna mówić, potrafi wypowiedzieć zaledwie kilka słów. Nie potrafi poprawnie wyrazić wielu rzeczy. Ponadto, dzieci nie rozumieją skomplikowanych kwestii świata dorosłych. Dzieci mówią, rozumieją i myślą na podstawie swojej dziecięcej wiedzy i umiejętności. Nie rozumieją, czym są pieniądze, więc kiedy pokazujemy im banknot i monetę, wybierają monetę. Ponieważ dla nich wartością jest to, że przy użyciu monety będą w stanie kupić słodycze, a nie znają zupełnie wartości banknotów.

Podobnie jest z naszym zrozumieniem nieba, kiedy żyjemy na ziemi. Wiemy, że niebo jest pięknym miejscem, jednak trudno nam wyrazić, jak bardzo piękny,. W królestwie niebieskim nie ma ograniczeń, więc piękno nie ma granic. Kiedy trafimy do nieba, będziemy w stanie zrozumieć nieograniczoność i tajemnice duchowej rzeczywistości oraz zasady, które nią kierują. W 1 Kor. 13,11 napisano: „Gdy byłem dzieckiem, mówiłem jak dziecko, czułem jak dziecko, myślałem jak dziecko. Kiedy zaś stałem się mężem, wyzbyłem się tego, co dziecięce".

W królestwie niebieskim nie ma ciemności, trosk ani lęku. Jest dobroć i miłość. Możemy wyrażać miłość i służyć innym tak często jak będziemy chcieli. W ten sposób, świat fizyczny i duchowa rzeczywistość są całkowicie od siebie różne. Oczywiście, nawet na ziemi ludzie różnie rozumieją miarę wiary.

W 1 Jana rozdziale 2 każdy poziom wiary porównywany jest kolejno do wiary małych dzieci, dzieci, młodzieży i ojców. Ludzie, których wiara jest na poziomie małych dzieci są jak dzieci w sensie duchowym. Nie w pełni rozumieją głębokie duchowe rzeczy. Mają mało siły, by praktykować Słowo Boże. Jednak kiedy dorastają, ich słowa, myśli i czyny zmieniają się. Łatwiej jest im praktykować Słowo Boże i są w stanie zwyciężać bitwy z mocami ciemności. Jednak nawet jeśli uda nam się osiągnąć poziom wiary ojców na ziemi, nadal możemy powiedzieć, że jesteśmy jak dzieci w porównaniu z tym, kiedy wejdziemy do królestwa niebieskiego.

Poczujemy doskonałą miłość

Dzieciństwo jest czasem przygotowania do dorosłości; podobnie życie na ziemi jest przygotowaniem do życia wiecznego. Ten świat jest jak cień w porównaniu z życiem w Bożym królestwie i szybko przemija. Cień nie jest czymś żywym. Innymi słowy, nie jest prawdziwy; jest tylko obrazem odzwierciedlającym oryginał.

Król Dawid błogosławił Pana przed zgromadzeniem i mówił: „Jesteśmy bowiem pielgrzymami przed Tobą i przychodniami, jak byli wszyscy przodkowie nasi; dni nasze jak cień na ziemi mijają bez żadnej nadziei" (1 Kron. 29,15).

Kiedy patrzymy na cień czegokolwiek, rozumiemy ogólny zarys tego przedmiotu. Świat fizyczny jest jak cień, która daje nam jedynie niewielkie wgląd w świat wieczny. Kiedy cień, który jest życiem na ziemi, przeminie, rzeczywisty świat ukarze się naszym oczom. Obecnie wiemy o duchowej rzeczywistości jedynie pobieżnie, jakbyśmy patrzyli na nią przez zwierciadło. Jednak kiedy trafimy do królestwa Bożego, zrozumiemy, jakbyśmy patrzyli twarz w twarz.

1 Kor. 13,12 mówi: „Teraz widzimy jakby w zwierciadle, niejasno; wtedy zaś [zobaczymy] twarzą w twarz: Teraz poznaję po części, wtedy zaś poznam tak, jak i zostałem poznany". Apostoł

Paweł napisał rozdział miłości około 2000 lat temu. Zwierciadło wtedy nie dawało tak wyraźnego obrazu jak obecnie. Nie było uczynione ze szkła. Mielono złoto, brąz i stal, a następnie polerowane je, aby odbijały światło. Dlatego zwierciadło dawało tak przyciemniony obraz. Oczywiście, niektórzy ludzie widzieli i czuli królestwo Boże duchowymi oczyma. Możemy poczuć piękno i szczęście Bożego królestwa zaledwie w niewielkim procencie. Kiedy wejdziemy do Bożego królestwa, będziemy wyraźnie widzieć jego szczegóły i poczujemy różnicę. Dowiemy się o wielkości, potędze i pięknie Boga, których nie da się opisać słowami.

Spośród miłości, wiary i nadziei, miłość jest najpotężniejsza

Wiara i nadzieja są bardzo ważne. Dzięki wierze możemy być zbawieni i trafić do nieba. Możemy stać się dziećmi Bożymi. Ponieważ możemy otrzymać zbawienie i życie wieczne oraz Boże królestwo tylko dzięki wierze, jest ona niezwykle cenna. Wiara jest skarbem i kluczem do tego, byśmy otrzymali odpowiedzi na modlitwy.

A co z nadzieją? Nadzieją również jest cenna. Dzięki nadziei wierzymy, że otrzymamy mieszkanie w niebie. Jeśli mamy więc wiarę, mamy i nadzieję. Jeśli wierzymy w Boga, niebo i Piełko, mamy nadzieję na niebo. Jeśli mamy nadzieję, będziemy pragnęli uświęcenia i pracy dla królestwa Bożego. Wiara i nadzieją są konieczne aż osiągniemy królestwo Boże. Jednak w 1 Kor. 13,12 czytamy, że miłość jest większa, dlaczego?

Po pierwsze, wiara i nadzieja są tym, czego potrzebujemy w naszym życiu na ziemi I tylko duchowa miłość pozostaje w królestwie Bożym
W niebie, nie musimy wierzyć w nic, ani mieć na coś nadzieję, ponieważ wszystko będzie przed naszymi oczyma. Przypuśćmy, że masz kogoś, kogo bardzo kochasz i nie widziałeś się z nim/nią od długiego czasu. Kiedy w końcu się spotkacie, uczucia wzmogą się. Czy jeśli spotkamy się z kimś, za kim długo tęskniliśmy, czy będziemy nadal za nim/nią tęsknić?

Tak samo jest z życiem chrześcijańskim. Jeśli mamy wiarę i nadzieję, będziemy wzrastać. Będziemy tęsknić za Panem z każdym kolejnym dniem coraz bardziej. Ci, którzy mają nadzieję na niebo, nie będą narzekać na to, że muszą kroczyć wąską ścieżką i nie dadzą się pokonać pokusom. Kiedy dotrzemy do naszego celu, królestwa niebieskiego, nie będziemy potrzebować już ani wiary ani nadziei. A miłość pozostanie na zawsze, dlatego Biblia mówi, iż miłość jest największa.

Po drugie, możemy posiąść niebo dzięki wierze, jednak bez miłości z pewnością nie trafimy do najpiękniejszego z miejsc w niebie – Nowego Jeruzalem
Być może uda nam się trafić do nieba dzięki wierze i nadziei.

Jeśli żyjemy zgodnie ze Słowem Bożym i odrzucamy grzech i pielęgnujemy dobry charakter, otrzymamy duchową wiarę i dzięki niej, otrzymamy mieszkanie w niebie, raju, pierwszym, drugim lub trzecim królestwie lub w Nowym Jeruzalem.

Raj jest miejscem dla ludzi, którzy mają dość wiary, aby móc otrzymać zbawienie dzięki Chrystusowi. Oznacza to, że nie uczynili nic dla królestwa Bożego. Pierwsze królestwo jest dla ludzi, którzy próbowali żyć zgodnie ze Słowem Bożym po przyjęciu Jezusa. Jest o wiele piękniejsze niż Raj. Drugie królestwo niebieskie jest dla ludzi, którzy żyli zgodnie ze Słowem Bożym i kochali Boga, pracując wiernie dla królestwa Bożego. Trzecie królestwo jest dla ludzi, którzy kochali Boga z całego serca i odrzucili wszelkie formy zła, aby stać się uświęconymi. Natomiast Nowe Jeruzalem jest miejscem przeznaczonym dla ludzi, którzy swoją wiarą radowali Boga i byli wierni domowi Bożemu.

Nowe Jeruzalem jest mieszkaniem w niebie, które otrzymają dzieci Boże, które pielęgnowały doskonałą miłość dzięki wierze. Taka miłość to miłość krystaliczna. Tylko Jezus, jedyny Syn Boga ma tak naprawdę możliwość znaleźć się w Nowym Jeruzalem, jednak również my, jako istoty stworzone, mamy możliwość tam trafić, jeśli będziemy usprawiedliwieni świętą krwią Jezusa i posiądziemy wiarę doskonałą.

Abyśmy byli podobnymi do Jezusa i mogli zamieszkać w Nowym Jeruzalem, musimy kroczyć drogą, którą kroczył Jezus.

Jest to droga miłości. Tylko dzięki miłości jesteśmy w stanie wydawać dziewięć owoców Ducha Świętego i otrzymać błogosławieństwa tak, byśmy mogli być godnymi dziećmi Bożymi, których charakter podobny jest do charakteru Pana. Kiedy zostaniemy nazwani dziećmi Bożymi, otrzymamy wszystko, o co poprosimy nawet tu na ziemi i będziemy mieć przywilej chodzenia z Panem na wieki w niebie. Dlatego, możemy trafić do nieba, jeśli mamy wiarę oraz możemy odrzucić grzech, jeśli mamy nadzieję. Z tego powodu wiara i nadzieją z pewnością są konieczne, jednak miłość jest największa, ponieważ tylko dzięki niej możemy znaleźć się w Nowym Jeruzalem.

Miłość wypełnieniem zakonu

„Nikomu nie bądźcie nic dłużni poza wzajemną miłością. Kto bowiem miłuje bliźniego, wypełnił Prawo. Albowiem przykazania: Nie cudzołóż, nie zabijaj, nie kradnij, nie pożądaj, i wszystkie inne – streszczają się w tym nakazie: Miłuj bliźniego swego jak siebie samego. Miłość nie wyrządza zła bliźniemu. Przeto miłość jest doskonałym wypełnieniem Prawa"

Rzym. 13,8-10

Część 3
Miłość, wypełnieniem zakonu

Rozdział 1 : **Miłość Boża**

Rozdział 2 : **Miłość Chrystusa**

Rozdział 1 — Miłość Bożą

Miłość Bożą

„*Myśmy poznali i uwierzyli miłości, jaką Bóg ma ku nam. Bóg jest miłością: kto trwa w miłości, trwa w Bogu, a Bóg trwa w nim*"

1 Jana 4,16

Kiedy Elliot pracował z Indianami z plemienia Quechua, zaczął przygotowywać się, by dotrzeć również do znanego plemienia Huaorani. Wraz z czterema innymi misjonarzami, Edem McCully, Rogerem Youderian, Peterem Flemingiem i ich pilotem Natem Saintem, z samolotu zawarli umowę z Indianami przy użyciu głośnika oraz koszyka z prezentami. Po kilku miesiącach, mężczyźni zdecydowali się, by zbudować bazę w niewielkiej odległości od plemienia indiańskiego wzdłuż rzeki Curaray. Kilkukrotnie przybywały do nich niewielkie grupy Indian. Użyczyli nawet swojego samolotu, by dotrzeć do pewnego dziwnego Indianina nazywanego „Goergem" (jego prawdziwe imię brzmiało Naenkiwi). Zachęceni takimi przyjacielskimi spotkaniami, zaczęli planować wizytę w plemieniu Huaorani, jednak ich plany pokrzyżowało przybycie większej grupy Indian Huaorani, którzy zabili Elliota i jego przyjaciół 8 stycznia 1956 roku. Zmaltretowane ciało Elliota zostało znalezione w strumieniu wraz z ciałami pozostałych mężczyzn, oprócz ciała Eda McCully.

Elliot i jego przyjaciele stali się znani na całym świecie jako męczennicy, a magazyn „Life" opublikował 10-stronnicowy artykuł na temat ich misji i śmierci. Swoją postawą pobudzili wielu młodych ludzi do misji na całym świecie. Po śmierci męża, Elisabeth Elliot i inni misjonarze wyruszyli, by pracować z Indianami Auca. Mieli na nich znaczny wpływ i wielu ludzi nawróciło się. Zdobyli dla Boga wiele dusz dzięki miłości.

Nikomu nie bądźcie nic dłużni poza wzajemną miłością. Kto bowiem miłuje bliźniego, wypełnił Prawo. Albowiem przykazania: Nie cudzołóż, nie zabijaj, nie kradnij, nie pożądaj, i wszystkie inne – streszczają się w tym nakazie: Miłuj bliźniego swego jak siebie samego. Miłość nie wyrządza zła bliźniemu. Przeto miłość jest doskonałym wypełnieniem Prawa (Rzym. 13,8-10).

Najwyższy poziom miłość to miłość Boga do człowieka. Stworzenie człowieka i całej ziemi również wypływało z Bożej miłości.

Bóg w swej miłości stworzył wszystkie rzeczy i człowieka

Na początku wszechświat był pustkowiem. Obecnie wszechświat różni się od tego, jak wszechświat wyglądał kiedyś. Jest przestrzenią, która nie ma ani początku, ani końca. Wszystko powstało zgodnie z wolą Bożą i Jego zamiarem. Skoro Bóg może mieć i czynić wszystko, czego pragnie, dlaczego w ogóle stworzył człowieka?

Bóg pragnął prawdziwych dzieci, z którymi mógłby dzielić się pięknem Swojego świata. Chciał dzielić się przestrzenią, w której wszystko zostało stworzone tak, jak chciał. Podobnie jest z ludzkim umysłem; również pragniemy dzielić się dobrymi rzeczami z ludźmi, których kochamy. Dzięki tej nadziei, Bóg zaplanował proces kształtowanie ludzkości, by zyskać prawdziwe dzieci. Najpierw podzielił wszechświat na fizyczny i duchowy, a następnie stworzył aniołów i inne istoty duchowe. Przygotował przestrzeń na mieszkanie dla siebie oraz królestwo niebieskie, gdzie mogłyby zamieszkać Jego prawdziwe dzieci – przestrzeń, gdzie istoty ludzkie mogłyby zostać poddane procesowi kształtowania charakteru. Po jakimś czasie stworzył ziemię wraz ze słońcem, księżycem i gwiazdami, oraz środowisko naturalne, potrzebne człowiekowi, by mógł żyć.

Wokół Boga przebywa niezliczona liczba istot duchowych; są Mu posłuszne bezwarunkowo, więc nie są istotami, z którymi Bóg mógłby dzielić się swoją miłością. Z tego powodu Bóg stworzył ludzi na swój obraz, ponieważ pragnął dzielić się z nimi swoją miłością. Gdyby rodzice mogli mieć dzieci o ślicznych twarzach, które zachowywałyby się jak roboty, czy byliby z tego zadowoleni? Być może wasze dzieci nie zawsze są posłuszne, lecz okazują więcej miłości niż najbardziej doskonałe roboty. Bóg pragnął zyskać prawdziwe dzieci, z którymi mógł dzielić swoje uczucia. W swojej miłości Bóg stworzył pierwszego człowieka, którym był Adam.

Kiedy Bóg stworzył Adama, przygotował dla niego ogród Eden na wschodzie i pozwolił mu tam zamieszkać. Ogród Eden został ofiarowany człowiekowi. Był pięknym miejscem, gdzie wspaniale rosły drzewa i kwiaty, a zwierzęta spacerowały wśród obfitych owoców, delikatnej bryzy, po miękkiej trawie. Woda błyszczała jak drogocenne kamienie i odbijała światło. Nawet człowiek o najlepszej wyobraźni nie jest w stanie w pełni wyobrazić sobie piękna tego miejsca. Bóg dał Adamowi pomocnika w postaci kobiety – Ewy. Nie dlatego, że Adam czuł się samotny, ale Bóg rozumiał serce Adama, zanim Adam jeszcze zdążył pomyśleć. Adam i Ewa mieszkali w cudownym miejscu, chodzili z Bogiem i cieszyli się obecnością stworzeń Bożych.

Bóg pielęgnuje istoty ludzie, by zyskać prawdziwe dzieci

Jednak Adamowi i Ewie czegoś brakowało, aby mogli zostać prawdziwymi dziećmi Bożymi. Mimo, iż Bóg dał im miłość, nie potrafili w pełni jej poczuć. Cieszyli się wszystkim, co otrzymali od Boga, jednak nie musieli w to wkładać żadnego wysiłku. Nie rozumieli, jak cenna jest miłość Boża i nie doceniali tego, co otrzymali. Ponadto, nigdy nie doświadczyli śmierci lub nieszczęścia, dlatego nic znali wartości życia. Nie doświadczyli nienawiści, więc nie rozumieli wartości miłości. Mimo, że słyszeli i wiedzieli sporo na różne tematy, nie potrafili odczuwać prawdziwej miłości, ponieważ nie mieli żadnych innych doświadczeń.

Powód, dla którego Adam i Ewa zjedli z drzewa poznania dobrego i złego, jest następujący. Bóg powiedział: „ale z drzewa poznania dobra i zła nie wolno ci jeść, bo gdy z niego spożyjesz, niechybnie umrzesz", oni jednak nie znali znaczenia śmierci (Ks. Rodz. 2,17). Czy Bóg nie wiedział, że zjedzą owoc z drzewa poznania dobra i zła? Owszem, a mimo to dał Adamowi i Ewie wolną wolę, by sami podejmowali decyzje. To jest właśnie sposób, w jaki Bóg pragnie kształtować nasze charaktery.

Poprzez kształtowanie naszych charakterów, Bóg pragnie, aby ludzie doświadczyli łez, smutku, bólu, śmierci, aby kiedy trafią w końcu do nieba, poczuli prawdziwą wartość niebiańskich rzeczy oraz tego, jak wspaniałe szczęście daje Bóg. Bóg pragnął dzielić się ze swoimi dziećmi miłością w niebie, którego nie da się nawet porównać do Ogrodu Eden.

Po tym, jak Adam i Ewa okazali nieposłuszeństwo Słowu Bożemu, nie mogli już mieszkać w Ogrodzie Eden. Ponieważ Adam stracił swoją władzę nad innymi stworzeniami, wszystkie zwierzęta i rośliny zostały przeklęte. Ziemia była obfita w dobra i piękna, jednak została przeklęta. Zaczęła wydawać ciernie i chwasty, a człowiek musiał pracować w pocie czoła, by mieć pożywienie.

Mimo, że Adam i Ewa okazali Bogu nieposłuszeństwo, Bóg uczynił dla nich odzienie ze skór, ponieważ mieli zamieszkać w zupełnie innym środowisku (Ks. Rodz. 3,21). Bóg musiał niezwykle cierpieć, widząc jak Jego dzieci odchodzą. Pomimo tak silnej Bożej miłości, proces kształtowania człowieka musiał się rozpocząć, ludzie splamili się grzechem i oddalili od Boga.

W Rzym. 1,21-23 czytamy: „Ponieważ, choć Boga poznali, nie oddali Mu czci jako Bogu ani Mu nie dziękowali, lecz znikczemnieli w swoich myślach i zaćmione zostało bezrozumne ich serce. Podając się za mądrych stali się głupimi. I zamienili chwałę niezniszczalnego Boga na podobizny i obrazy śmiertelnego człowieka, ptaków, czworonożnych zwierząt i płazów".

Bóg pokazywał grzesznemu rodzajowi ludzkiemu swoją opatrzność i miłość dzięki wybranym ludziom z narodu izraelskiego. Z jednej strony, kiedy żyli zgodnie ze Słowem Bożym, Bóg dokonywał znaków i cudów oraz błogosławił im. Z drugiej strony, kiedy odchodzili od Boga i oddawali cześć bożkom oraz popełniali grzechy, Bóg wysyłał do nich proroków, by głosili Jego miłość.

Jednym z tych proroków był Ozeasz, który działał w trudnych czasach, kiedy Izrael podzielił się na północny Izrael i południową Judę.

Pewnego dnia Bóg dał Ozeaszowi szczególne zadanie: „Idź, a weź za żonę kobietę, co uprawia nierząd, i [bądź ojcem] dzieci nierządu; kraj bowiem uprawiając nierząd – odwraca się od Pana" (Oz. 1,2). Było to niewyobrażalne dla proroka Bożego, by poślubić nierządnicę. Mimo, iż nie rozumiał polecenia Bożego, był Mu posłuszny i wziął sobie za żonę kobietę o imieniu Gomera. Mieli troje dzieci, jednak okazało się, iż Gomera nadal postępowała według swoich pożądliwości. Niemniej jednak Bóg powiedział Ozeaszowi, by kochał swoją żonę (Oz. 3,1). Ozeasz szukał jej i wykupił ją za 15 szekli srebra oraz półtora Homera owsa.

Miłość, jaką Ozeasz okazywał Gomerze symbolizowała miłość Boga do nas. Gomera, nierządnica symbolizuje ludzi splamionych grzechem. Tak, jak Ozeasz wziął sobie za żonę nierządnicę, tak Bóg ukochał nas splamionych grzechem tego świata.

Okazał swoją niekończącą się miłość, mają nadzieję, że ludzie odwrócą się od grzechu i staną się Jego dziećmi. Nawet kiedy ludzie wybierają świat i odsuwają się od Boga, On nigdy nie mówi: „Opuściłeś mnie, więc nie mogę przyjąć cię z powrotem". On pragnie, aby każdy człowiek przyszedł do Niego i czeka, jak rodzic na swoje dziecko, by wróciło do domu.

Bóg przygotował plan zbawienia jeszcze przed wiekami

Przypowieść o synu marnotrawnym opisana w Ew. Łukasza 15 pokazuje nam serce Boga Ojca. Drugi syn, który cieszył się bogactwem jako dziecko nie był wdzięczny swojemu ojcu ani nie rozumiał wartości życia, jakie miał. Pewnego dnia poprosił ojca o swoją część dziedzictwa. Był rozpieszczony, dlatego nie zawahał się poprosić o pieniądze mimo, iż jego ojciec nadal żył.

Ojciec nie mógł powstrzymać swojego syna, ponieważ syn zupełnie nie rozumiał ojca, dlatego zdecydował się dać mu jego część dziedzictwa. Syn był szczęśliwy i wyruszył w drogę. Ból ojca był ogromny. Martwił się, ponieważ nie chciał, aby synowi stała się krzywda. Nie mógł spać i wyglądał w stronę horyzontu, czekając na powrót syna.

Wkrótce pieniądze syna skończyły się, a ludzie zaczęli źle go traktować. Był w trudnej sytuacji. Kiedy chciał zaspokoić głód, jadał razem ze świniami. Nikt nie chciał mu pomóc. Wtedy przypomniał sobie o domu ojca. Postanowił wrócić, lecz było mu tak przykro, że wstydził się podnieść głowę. Jednak ojciec, gdy go zobaczył, wybiegł do niego i ucałował go. Ojciec nie winił go, lecz był szczęśliwy. Założył mu nowe szaty, zabił cielę i wyprawił dla niego ucztę. Taka właśnie jest miłość Boża.

Miłość Bożą nie jest ofiarowana tylko wybranym osobom. W 1 Tym. 2,4 czytamy: „[Bóg], który pragnie, by wszyscy ludzie zostali zbawieni i doszli do poznania prawdy". Bóg otwiera bramy zbawienie, więc każda dusza może przyjść do Boga, a On wita ją z radością i szczęściem.

W swojej miłości Bóg wyciąga do nas rękę aż do końca, trzymając bramę do zbawienia szeroko otwartą. Bóg oddał swojego jedynego Syna Jezusa. Jak napisano w Hebr. 9,22: „I prawie wszystko oczyszcza się krwią według Prawa, a bez rozlania krwi nie ma odpuszczenia /grzechów/", Jezus zapłacił cenę za nasz grzech swoją ceną krwią i własnym życiem.

W 1 Jana 4,9 opisano miłość Bożą: „W tym objawiła się miłość

Boga ku nam, że zesłał Syna swego Jednorodzonego na świat, abyśmy życie mieli dzięki Niemu". Bóg pozwolił, by Jezus przelał swoją drogocenną krew, by odkupić rodzaj ludzki od grzechu. Jezus został ukrzyżowany, lecz pokonał śmierć i zmartwychwstał trzeciego dnia, ponieważ nie było w Nim grzechu. Dzięki temu drzwi zbawienia zostały otwarte. Poświęcenie swojego jedynego umiłowanego Syna nie jest czymś łatwym. Przysłowie koreańskie mówi: „Rodzice nie odczuwają żadnego bólu, nawet jeśli ich dzieci rzeczywiście znalazłyby się w ich oczach". Wielu rodziców uważa, że życie ich dzieci jest o wiele ważniejsze niż ich własne. Dlatego, to, że Bóg oddał swojego jedynego ukochanego Syna świadczy o ostatecznej miłości. Co więcej, Bóg przygotował królestwo niebieskie dla tych, którzy przyjmą zbawienie dzięki krwi Chrystusa! Jakaż wielka miłość! A to jeszcze nie koniec.

Bóg dał nam Ducha Świętego, by prowadził nas do Jego królestwa

Bóg dał Ducha Świętego jako dar dla ludzi, którzy przyjmują Jezusa i otrzymują przebaczenie grzechów. Duch Święty jest sercem Boga. Od wniebowstąpienia Jezusa, Bóg posłał Pocieszyciela, Ducha Świętego, by nas wzmacniać.

W Rzym. 8,26-27 czytamy: „Podobnie także Duch przychodzi z pomocą naszej słabości. Gdy bowiem nie umiemy się modlić tak, jak trzeba, sam Duch przyczynia się za nami w błaganiach, których nie można wyrazić słowami. Ten zaś, który przenika serca, zna zamiar Ducha, [wie], że przyczynia się za

świętymi zgodnie z wolą Bożą".
Kiedy grzeszymy, Duch Święty prowadzi nas ku upamiętaniu. Osobom o słabej wierze, daje wiarę; innym o słabej nadziei, daje nadzieję. Tak jak matka delikatnie pociesza i dba o swoje dzieci, tak Duch Święty prowadzi nas, abyśmy się nie zranili. W ten sposób pokazuje nam wolę Boga, który nas kocha i prowadzi nas do królestwa niebieskiego.

Jeśli rozumiemy taką miłość, nie możemy nie kochać Boga. Jeśli kochamy Boga z całego serca, On obdarowuje nas wspaniałą miłością, która jest wszechogarniająca. On daje nam zdrowie i błogosławieństwa. Czyni tak, ponieważ to jest prawo duchowej rzeczywistości, ale co ważniejsze, ponieważ pragnie, abyśmy czuli Jego miłość i otrzymywali Jego błogosławieństwa. „Tych kocham, którzy mnie kochają, znajdzie mnie ten, kto mnie szuka" (Ks. Przysł. 8,17).

Jak się czułeś, kiedy po raz pierwszy spotkałeś Boga i otrzymałeś uzdrowienie lub rozwiązanie swoich problemów? Musiałeś czuć Jego wielką miłość oraz uświadomić sobie to, jak wielkim jesteś grzesznikiem. Wierzę, że musiałeś wyznać w swoim sercu, że miłości Bożej nie da się opisać, ponieważ jest większa niż wszystkie dostępne nam miary. Ponadto, myślę, że czułeś się otoczony Bożą miłością, która obiecuje wieczne życie w niebie, gdzie nie ma smutku, trosk, chorób, tęsknoty i śmierci.

To nie my pierwsi ukochaliśmy Boga. To On przyszedł do nas pierwszy i wyciągnął rękę. Nie ukochał nas dlatego, że na to zasługujemy. Bóg ukochał nas tak bardzo, że oddał swojego jedynego Syna za nasze grzechy i przeznaczył Go na śmierć. On ukochał wszystkich ludzi i dba o nas jak matka, która nie potrafi zapomnieć o swoich dzieciach (Iz. 49,15). On na nas czeka jakby tysiąc lat był zaledwie jednym dniem.

Boża miłość jest prawdziwa i nie zmienia się z upływem czasu. Kiedy trafimy do nieba, będziemy mocno zaskoczeni widokiem pięknych koron, lśniących szat i niebiańskich domów zbudowanych ze złota i drogocennych kamieni, które Bóg przygotował właśnie dla nas. On ma dla nas nagrody i dary, które chce nam podarować nawet jeszcze podczas naszego życia na ziemi. Czeka na dzień, by być już z nami w swojej wiecznej chwale. Poczujmy tę niesamowitą miłość Boga.

Rozdział 2 — Miłość Chrystusa

Miłość Chrystusa

„...i postępujcie drogą miłości, bo i Chrystus was umiłował i samego siebie wydał za nas w ofierze i dani na wdzięczną wonność Bogu"

Efez. 5,2

Miłość ma wielką miłość, by niemożliwe uczynić możliwym. Szczególnie niezwykła jest miłość Boga i miłość Jezusa. Może przemienić ludzi niekompetentnych, którzy nie są w stanie pracować efektywnie w ludzi kompetentnych, którzy potrafią uczynić wszystko. Kiedy niewykształcony rybak, poborca podatków, który był uważany za grzesznika, biedni, wdowy i wyrzutkowie spotykali Pana, ich życie całkowicie się zmieniało. Ich bieda i choroby nie były już więcej problemem; czuli się kochani jak nigdy wcześniej. Uważali się za bezwartościowych, lecz narodzili się na nowo dzięki Bogu. Taka właśnie jest potęga miłości.

Jezus przyszedł na tę ziemię, wypierając się swojej niebiańskiej chwały

Na początku Bogiem było Słowo, a Słowo zeszło na ziemię w postaci ludzkiej. Był to Jezus, ukochany jedyny Syn Boży. Jezus zszedł na ziemię, aby ocalić rodzaj ludzki, który podążał ścieżką śmierci. Imię „Jezus" oznacza „On zbawi swoich ludzi od ich grzechów" (Mat. 1,21).

Grzeszni ludzi nie różnili się od zwierząt w swoim zachowaniu (Ks. Kaz. Sal. 3,18). Jezus urodził się w stajence, aby zbawić człowieka, który zaprzestał czynienia tego, co powinien czynić i nie zachowywał się lepiej niż zwierzęta. Leżał w żłobku, z którego jadły zwierzęta, aby stał się prawdziwym pokarmem dla ludzi (Jan 6,51). Pragnął, aby człowiek odzyskał utracony obraz Boga i rozpoczął ponownie wypełniać powierzone mu przez Boga obowiązki.

W Ew. Mat. 8,20 czytamy: „Jezus mu odpowiedział: Lisy mają nory i ptaki powietrzne – gniazda, lecz Syn Człowieczy nie ma miejsca, gdzie by głowę mógł oprzeć". Jak napisano, nie miał gdzie spać i noc musiał spędzać po gołym niebem, pomimo deszczu i zimna. Wielokrotnie nie miał co jeść i był głodny, ponieważ poświęcał się, by zbawić nas od ubóstwa. W 2 Kor. 8,9 napisano: „Znacie przecież łaskę Pana naszego Jezusa Chrystusa, który będąc bogaty, dla was stał się ubogim, aby was ubóstwem swoim ubogacić".

Jezus rozpoczął swoją służbę od cudu, w ramach którego zamienił wodę w wino na weselu z Kaanie Galilejskiej. Głosił królestwo Boże i dokonywał wiele znaków i cudów w całej Judei i Galilei. Wielu trędowatych zostało uzdrowionych, chromi zaczynali chodzić, a ludzie, którzy cierpieli z powodu opętania demonami zostali uwolnieni z ciemności. Nawet osoba, która leżała martwa w grobie już od czterech dni, wyszła z grobu żywa (Jan 11).

Jezus manifestował tak niezwykłe rzeczy podczas swojej służby na ziemi, aby pokazać ludziom miłość Bożą. Co więcej, ponieważ był Synem Bożym, zachowywał prawo i był dla nas doskonałym przykładem. Ponadto, mimo iż sam zachowywał prawo, nie potępiał tych, którzy upadali i byli skazani na śmierć. Nauczał prawdy, aby choć jedna dusza mogła się opamiętać i otrzymać zbawienie.

Gdyby Jezus oceniał wszystkich dokładnie zgodnie z prawem, nikt nie mógłby otrzymać zbawienia. Prawo to dziesięć przykazań Bożych, które mówią nam, co czynić, a czego nie, co odrzucić, a czego się trzymać. Na przykład, są przykazania, które mówią o zachowywaniu świętego Szabatu, o szanowaniu rodziców i odrzuceniu wszelkich form zła. Ostatecznym celem prawa jest miłość. Jeśli zachowujemy przykazania i prawa, praktykujemy miłość, przynajmniej zewnętrznie.

Jednak Bóg pragnie, abyśmy zachowywali prawo nie tylko naszymi czynami. Chce, abyśmy praktykowali prawo z miłością, płynącą prosto z serca. Jezus znał serce Boga bardzo dobrze i wypełniał prawo z miłością. Jednym z najlepszych przykładów jest przypadek kobiety, która została przyłapana na cudzołóstwie (Jan 8). Pewnego dnia faryzeusze i uczeni w Piśmie przyprowadzili kobietę, która została przyłapana na jawnym grzechu i postawili pomiędzy ludźmi i zapytali Jezusa: „W Prawie Mojżesz nakazał nam takie kamienować. A Ty co mówisz?" (Jan 8,5).

Faryzeusze wypowiedzieli te słowa, aby mieć podstawy, by oskarżyć Jezusa. Jak myślisz, co ta kobieta myślała w tej chwili? Musiała bardzo wstydzić się tego, że jej grzech wyszedł na jaw oraz musiała trząść się ze strachu, ponieważ bała się ukamienowania. Gdyby Jezus powiedział: „Ukamienujcie ją", jej życie skończyłoby się.

Jednakże Jezus nie powiedział, że mają ukarać ją zgodnie z prawem. Zamiast tego kucnął i zaczął pisać coś palcem na ziemi. Wymieniał grzechy ludzi, którzy oskarżali kobietę. Kiedy skończył, wstał i powiedział: „Kto z was jest bez grzechu, niech pierwszy rzuci na nią kamień" (w. 7). A wtedy ponownie kucnął i ponownie zaczął pisać.

Jezus szczegółowo wypisał grzechy każdej z osób, jakby widział je własnymi oczyma. CI, którzy mieli wyrzutu sumienia natychmiast wyszli. W końcu pozostał Jezus i kobieta. Kolejne wersety mówią: „Wówczas Jezus podniósłszy się rzekł do niej: Kobieto, gdzież oni są? Nikt cię nie potępił? A ona odrzekła: Nikt, Panie! Rzekł do niej Jezus: I Ja ciebie nie potępiam. – Idź, a od tej chwili już nie grzesz" (w. 10-11).

Czyż kobieta nie wiedziała, że karą za cudzołóstwo jest ukamienowanie? Oczywiście, że wiedziała. Znała prawo, jednak popełniała grzech, ponieważ nie potrafiła sobie poradzić ze swoją żądzą. Czekała na śmierć, ponieważ jej grzech został ujawniony, jednak niespodziewanie doświadczyła przebaczenia Jezusa. Jakże musiała być poruszona. Kiedy przypominała sobie o miłości Jezusa, nie mogła ponownie zgrzeszyć.

Ponieważ Jezus dzięki swojej miłość przebaczył kobiecie, która przestąpiła prawo, czy prawo staje się nieaktualne, jeśli mamy miłość do Boga i bliźniego? Nie. Jezus powiedział: „Nie sądźcie, że przyszedłem znieść Prawo albo Proroków. Nie przyszedłem znieść, ale wypełnić" (Mat. 5,17).

Możemy praktykować wolę Bożą w bardziej doskonały sposób, ponieważ mamy prawo. Jeśli ktoś mówi, iż kocha Boga, nie jesteśmy w stanie zmierzyć miary tej miłości. Jednakże miarę miłości można sprawdzić, ponieważ istnieje prawo. Jeśli człowiek kocha Boga całym sercem, z pewnością będzie zachowywał prawo. Ponieważ dla takiej osoby zachowywanie prawa nie jest czymś trudnym. Ponadto, jeśli zachowujemy prawo we właściwy sposób, otrzymamy miłość i błogosławieństwa Boże.

Jednakże legaliści w czasach Jezusa nie byli zainteresowani miłością Bożą zawartą w prawie. Nie skupiali się na uświęceniu swoich serc, a jedynie na formalnościach. Byli zadowoleni, a nawet dumni z tego, że zachowywali prawo na zewnątrz. Myśleli, że zachowują prawo, dlatego osądzali i potępiali ludzi, którzy tego nie czynili. Kiedy Jezus wyjaśnił prawdziwe znaczenie prawa i nauczał o charakterze Boga, powiedzieli, że nie ma racji i że jest opętany przez demona.

Ponieważ faryzeusze nie mieli miłości, zachowywanie prawa w

żaden sposób nie miało korzystnego wpływu na ich dusze (1 Kor. 13,1-3). Nie odrzucili zła ze swojego serca, lecz osądzali i potępiali innych, odsuwając się od Boga. W końcu popełnili grzech, krzyżując Syna Bożego, a tego nie dało się już cofnąć.

Jezus wypełnił opatrzność krzyża w posłuszeństwie aż do śmierci

Pod koniec trzyletniej służby Jezus poszedł na Górę Oliwną niedługo przed tym, kiedy miała rozpocząć się Jego męka. Jezus modlił się gorliwie, wiedząc, że zbliża się dzień Jego ukrzyżowania. Jego modlitwy były krzykiem, by ocalić dusze ludzi dzięki Jego całkowicie niewinnej krwi. Była to modlitwa, w której prosił o moc do tego, by poradzić sobie z cierpieniem. Modlił się bardzo gorliwie, pocił się, a Jego pot miał postać kropli krwi, a nawet w osłabieniu opadał na ziemię (Łuk. 22,42-44).

Tej nocy Jezus został pochwycony przez żołnierzy i zabrany na przesłuchanie. W końcu od Piłata otrzymał wyrok śmierci. Rzymscy żołnierze nałożyli mu na głowę koronę cierniową, biczowali Go, popychali i zabrali na miejsce egzekucji (Mat. 27,28-31).

Jego ciało było pokryte krwią. Naśmiewano się z Niego, kiedy szedł na Golgotę, niosąc własny krzyż. Podążał za Nim wielki tłum. Kiedyś witali Go słowami „Hosanna", lecz teraz wykrzykiwali słowa: "Ukrzyżuj Go". Twarz Jezusa była pokryta krwią tak, że trudno było Go rozpoznać. Był wyczerpany z powodu bólu i trudno było Mu stawiać kolejne kroki.

Kiedy Jezus dotarł na Golgotę, został tam ukrzyżowany, aby zbawić nas od grzechu. Aby zbawić nas, którzy jesteśmy pod przekleństwem prawa, które mówi, iż karą za grzech jest śmierć

(Rzym. 6,23), został powieszony na drewnianym krzyżu i przelał swoją krew. On przebaczył nasze grzechy, które popełniamy w myślach, mając na głowie koronę cierniową. Jego ręce i stopy zostały przebite gwoździami, by przebaczyć nasze grzechy, które popełniamy rękami lub stopami.

Głupcy ludzie, którzy tego nie wiedzieli, wyśmiewali się z Jezusa, który wisiał na krzyżu (Łuk. 23,35-37). Jednak nawet w tak przeraźliwym bólu, Jezus modlił się o przebaczenie dla tych, którzy Go ukrzyżowali: „Ojcze, przebacz im, bo nie wiedzą, co czynią" (Łuk. 23,34).

Ukrzyżowanie jest jednym z najgorszych rodzajów pozbawienia życia. Skazany musi cierpieć dłużej niż w przypadku innych kar. Ręce i stopy są przebite gwoździami, a ciało rozdarte. Skazany cierpi z powodu odwodnienia i zaburzeń krążenia krwi. To wszystko powoduje powolny zanim funkcji organów wewnętrznych. Osoba pozbawiana życia cierpi również z powodu bólu, który zadają jej kąsające owady, przyciągnięte zapachem krwi.

Jak myślisz, o czym myślał Jezus, kiedy wisiał na krzyżu? Nie był to ból, który wywoływał okrutne cierpienie, lecz powód, dla którego Bóg stworzył człowieka, sens kształtowania ludzkiego charakteru na ziemi oraz powód, dla którego Jezus poświęcił samego siebie jako ofiarę za grzechy ludzi oraz modlił się gorliwie w dziękczynieniu.

Jezus cierpiał, wisząc na krzyżu, przez około sześć godzin. Powiedział, że chce Mu się pić (Jan 19,28). Było to duchowe pragnienie, ponieważ chciał, by ludzie, którzy podążają ścieżką śmierci nawrócili się. Myśląc o niezliczonej rzeszy ludzi, którzy będą jeszcze żyć na ziemi, pragnął, aby Jego lud głosił ewangelię krzyża, by ze zbawienia mogło skorzystać jak najwięcej ludzi.

W końcu Jezus powiedział: „Wykonało się" (Jan 19,30) i wydał ostatni oddech, mówiąc: „Ojcze, w Twoje ręce oddaję ducha mego" (Łuk. 23,46). Oddał swojego ducha w ręce Boga, ponieważ wypełnił swój obowiązek i otworzył drogę zbawienia dla ludzkości, stając się ofiarą przebłagalną za grzechu. To był czyn, w ramach którego wypełniła się największa miłość.

Od tamtej pory, ściana grzechu między Bogiem i nami została zwalona, dzięki czemu ponownie mamy możliwość komunikować się z Bogiem. Wcześniej tylko najwyższy kapłan mógł składać ofiarę i błagać o przebaczenie grzechów ludzkich. Każdy, kto wierzy w Jezusa może przybyć do świątyni i wielbić Boga bezpośrednio.

Jezus w swojej wielkiej miłości przygotowuje dla nas mieszkania w niebie

Zanim Jezus przyjął krzyż, nauczał swoich uczniów o tym, co ma się wydarzyć. Powiedział im, że umrze na krzyżu, aby wypełnić wolę Ojca, jednak uczniowie nie rozumieli tego i martwili się. Powiedział im również o mieszkaniach w niebie, które zostaną przygotowane dla wszystkich zbawionych, ponieważ chciał ich pocieszyć.

W Ew. Jana 14,1-3 czytamy: „Niech się nie trwoży serce wasze. Wierzycie w Boga? I we Mnie wierzcie. W domu Ojca mego jest mieszkań wiele. Gdyby tak nie było, to bym wam powiedział. Idę przecież przygotować wam miejsce. A gdy odejdę i przygotuję wam miejsce, przyjdę powtórnie i zabiorę was do siebie, abyście i wy byli tam, gdzie Ja jestem". On pokonał śmierć i zmartwychwstał, a potem wstąpił do nieba na oczach wielu ludzi po to, aby przygotować mieszkania w niebie dla swojego ludu. Co oznaczają słowa: „Idę przygotować wam miejsce"?

W 1 Jana 2,2 czytamy: „On bowiem jest ofiarą przebłagalną za nasze grzechy i nie tylko za nasze, lecz również za grzechy całego świata". Oznacza to, że każdy, kto ma wiarę, może zamieszkać w niebie, ponieważ Jezus zburzył mur grzechy oddzielający nas od Boga.

Ponadto, Jezus powiedział: „W domu Ojca mego wiele jest mieszkań", podkreślając, iż pragnie, aby każdy otrzymał zbawienie. Nie powiedział, że jest wiele mieszkań w niebie, lecz w domu mego Ojca, ponieważ nazywa Boga swoim Ojcem.

Jezus stale wstawia się za nami. Gorliwie modli się przed tronem Boga, zapominając o jedzeniu i piciu (Mat. 26,29). Modli się, abyśmy zwyciężyli w walce z grzechem na ziemi i chwalili Boga, oczyszczając nasze serca.

Co więcej, kiedy odbędzie się Sąd Wielkiego Białego Tronu, po zakończeniu historii ludzkości na ziemi, Pan nadal będzie dla nas pracował. W sądzie każdy otrzyma wyrok za to, co zrobił. Jednak Pan będzie wstawiał się za swoimi dziećmi, mówiąc: „Zmyłem ich grzechy swoją własną krwią", więc mogą otrzymać mieszkania i nagrody w niebie. Ponieważ zszedł na ziemię i doświadczył tego, co ludzi, będzie mówił w naszym imieniu, by wstawiać się za nami. Jak możemy w pełni zrozumieć miłość Jezusa?

Bóg pokazał nam swoją miłość do nas poprzez ofiarę swojego jedynego Syna Jezusa. Taka miłość jest miłością, która sprawiła, iż Jezusa nie szczędził dla nas swojej krwi aż do ostatniej kropli. Jest to miłość niezmienna i bezwarunkowo, która przebacza nasze grzechy aż do siedemdziesięciu siedmiu razy. Kto może nas odłączyć od takiej miłości? W Rzym. 8,38-39 apostoł Paweł pisze: „I jestem pewien, że ani śmierć, ani życie, ani aniołowie, ani Zwierzchności, ani rzeczy teraźniejsze, ani przyszłe, ani moce, ani co wysokie, ani co głębokie, ani jakiekolwiek inne stworzenie nie zdoła nas odłączyć od miłości Boga, która jest w Chrystusie Jezusie, Panu naszym".

Apostoł Paweł był świadomy miłości Bożej i Chrytusowej, więc poświęcił całe swoje życie w pełni i był posłuszny woli Bożej, żyjąc jako apostoł. Co więcej, nie żałował swojego życia dla ewangelii i głosił ją poganom. Praktykował miłość Bożą, dzięki czemu prowadził wiele dusz drogą zbawienia.

Mimo, iż nazywany był „przywódcą sekty z Nazaretu", Paweł poświęcił swoje całe życie służbie kaznodziejskiej. Na cały świat głosił miłość Boga i miłość Chrystusa. Modlę się w imieniu Pana Jezusa, abyście stali się prawdziwymi dziećmi Bożymi, które wypełniają prawo z miłością i na zawsze zamieszkają w pięknych mieszkaniach Nowego Jeruzalem, dzieląc się miłością z Bogiem i Chrystusem.

O autorze:
Dr. Jaerock Lee

Dr Jaerock Lee urodził się w 1943 roku w Muan, w prowincji Jeonnam, w Republice Korei. Kiedy skończył 20 lat cierpiał z powodu wielu różnych nieuleczalnych chorób przez siedem lat i czekał na śmierć zupełnie pozbawiony nadziei na wyzdrowienia. Pewnego dnia, wiosną 1974 roku, jego siostra przyprowadziła go do kościoła, i kiedy ukłęknął, aby się pomodlić, Żywy Bóg natychmiast uzdrowił go ze wszystkich chorób.

Dzięki temu doświadczeniu, Dr Lee poznał prawdziwego żyjącego Boga, pokochał Go całym swoim sercem i w 1978 został powołany na sługę Bożego. Gorliwie modlił się o jasne i pełne zrozumienie woli Bożej, zrealizowanie Jego misji oraz posłuszeństwo wszystkim słowom Boga. W 1982 roku założył Centralny Kościół Manmin w Seulu w Korei, gdzie miały miejsce niezliczone dzieła Boże, łącznie z uzdrowieniami i cudami.

W 1986 roku Dr Lee został ordynowany na pastora podczas dorocznego zjazdu Kościoła Koreańskiego i cztery lata później, w 1990 roku, rozpoczęto emisję jego kazań w Australii, Rosji, na Filipinach i w wielu innych miejscach przez firmę Far East Broadcasting Company, Asia Broadcast Station oraz chrześcijańskie radio Washington Christian Radio System.

Trzy lata później w 1993 roku, Centralny Kościół Manmin został wybrany jako jeden z najbardziej popularnych kościołów na świecie przez amerykański magazyn chrześcijański „Christian World", a pastor Lee otrzymał tytuł doktora honorowego Honorary Doctorate of Divinity od chrześcijańskiego college'u na Florydzie w Stanach Zjednoczonych. W 1996 roku otrzymał również tytuł doktora od teologicznego seminarium Kingsway w Iowa, w Stanach Zjednoczonych.

Od 1993 Dr Lee zaczął prowadzić światową misję w Tanzanii, Argentynie, Los

Angeles, Baltimore, Hawajach i w Nowym Jorku w Stanach Zjednoczonych, Ugandzie, Japonii, Pakistanie, Kenii, na Filipinach, w Hondurasie, Indiach, Rosji, Niemczech, Peru, Demokratycznej Republice Kongo i Izraelu. Informacja o jego misji w Ugandzie została wyemitowana w CNN, natomiast izraelskie ICC informowało o misji kościoła w Jerozolimie. Na antenie wygłosił komentarz, że Jezus Chrystus jest Mesjaszem. W 2002 roku został nazwany „pastorem światowym" przez największą chrześcijańską gazetę w Korei ze względu na jego prace misyjne na całym świecie.

We wrześniu 2010 Centralny Kościół Manmin miał już ponad 100,000 członków. Na całym świecie jest 9000 kościołów, włączając w to 53 kościoły w wielkim miastach samej Korei. Na ten moment 133 ośrodki misyjne zostały założone w 23 krajach, takich jak na przykład Stany Zjednoczone, Rosja, Niemcy, Kanadam Japonia, Chiny, Francja, Indie, Kenia i wiele innych.

Dr Lee napisał już 87 książek. Wiele z nich stało się bestsellerami: „Tasting Eternal Life before Death", „Moje życie, moja wiara" I & II, „Przesłanie krzyża", „Miara wiary", „Niebo" I & II, „Piekło" oraz „Moc Boża". Jego książki zostały przetłumaczone na ponad 44 języki. Jego artykuły publikowane są w: The Hankook Ilbo, The JoongAng Daily, The Dong-A Ilbo, The Munhwa Ilbo, The Seoul Shinmun, The Kyunghyang Shinmun, The Hankyoreh Shinmun, The Korea Economic Daily, The Korea Herald, The Shisa News, oraz The Christian Press.

Dr Lee jest obecnie przewodniczącym wielu organizacji misyjnych oraz stowarzyszeń takich jak na przykład: The United Holiness Church of Jesus Christ; Manmin World Mission; The World Christianity Revival Mission Association; Manmin TV; Global Christian Network (GCN); World Christian Doctors Network (WCDN); Manmin International Seminary (MIS).

Inne książki autora

Niebo I & II

Szczegółowy opis wspaniałego życia, które jest udziałem mieszkańców nieba, cieszących się pięknem królestwa niebieskiego.

Przesłanie Krzyża

Potężne przesłanie pobudzające do myślenia dla ludzi, którzy są w duchowym śnie! W niniejszej książce znajdziesz powód, dla którego tylko Jezus jest Zbawicielem oraz odczujesz prawdziwą miłość Bożą.

Piekło

Przesłanie dla człowieka od Boga, który pragnie wyratować każdą duszę z głębi piekła! W tej książce odkryjesz nigdy wcześniej nie opisywaną okrutną rzeczywistość piekła.

Duch, Dusza i Ciało I & II

Przewodnik, który daje duchowe zrozumienie ducha, duszy i ciała oraz pomaga dowiedzieć się więcej o naszym „ja", abyśmy zyskali dość siły, by pokonać ciemność i stać się ludźmi ducha.

www.urimbooks.com

www.ingramcontent.com/pod-product-compliance
Lightning Source LLC
LaVergne TN
LVHW021814060526
838201LV00058B/3380